Die Autorin:

Die saudische Schriftstellerin Badreya El-Beshr studierte Literatur- und Sozialwissenschaften an der König-Saud-Universität, Riad und der amerikanischen Universität, Beirut. Sie arbeitet als Journalistin und schreibt literarische und sozialkritische Kolumnen für mehrere saudische Zeitungen, zurzeit hauptsächlich für die Tageszeitung Al-Hayat.

Von ihr erschienen in arabischer Sprache die Romane „das Ende des Spiels" (1994), „An einem Mittwochabend" (1994) und „Der Duft von Kaffee und Kardamom" (2006). Sie veröffentlichte eine Reihe soziologischer sowie literarischer Abhandlungen und Studien über die saudische Gesellschaft.

Das Buch:

Badreya El-Beshr lässt die Protagonistin ihres Romans, Hind, so lebendig und authentisch erzählen, als wäre es ihre eigene Lebensgeschichte. Hind erzählt humorvoll und ironisch von ihrer Kindheit, von kleinen Freuden, vielen Träumereien und großem Schmerz. Mit dem Duft von Kaffee und Kardamom wächst sie inmitten zahlloser Geschichten von Menschen auf, die ihr nahe stehen: denen ihrer Mutter, ihres Vaters und ihrer „Tante" Ammusche, einem ehemaligen Sklavenkind. Und sie beschreibt, wie sich in ihrem Freundeskreis und Arbeitsumfeld die Beziehungen zwischen Männern und Frauen gestalten; wie sich Liebe, Zärtlichkeit und Sexualität ihren Weg bahnen, um die gesellschaftlichen Verbote und Tabus zu überwinden, die vor allem Frauen einschränken. Hind muss ständig um ihre Freiräume, ihren Weg zur Schriftstellerin, schließlich um ihre Unabhängigkeit als geschiedene Frau und Mutter und um ihre neue Liebe kämpfen, nicht zuletzt gegen ihre harte, verbitterte Mutter.

Das Buch bietet eine einmalige Möglichkeit, Verständnis und Sympathie für die Menschen Saudi-Arabiens zu gewinnen. Die saudische Gesellschaft mit ihren extremen Regeln und der Trennung der Geschlechter in eine Männer- und eine Frauenwelt mag uns fremd und bedrohlich erscheinen; dank Badreya El-Beshr und ihrer Protagonistin Hind kommen wir den Menschen jedoch sehr nahe.

Titel des arabischen Originals:
Hind Wal-Asskar (Hind und die Soldaten)
Beirut, 2006

Die Übersetzung aus dem Arabischen wurde mit Mitteln des Auswärtigen Amtes unterstützt durch Litprom – Gesellschaft zur Förderung der Literatur aus Afrika, Asien und Lateinamerika e.V.

1. deutsche Auflage, 2010

www.alawi-verlag.de

Lektorat: Erika Heinemann und Britta B. Hansen, Kopenhagen
Umschlaggestaltung: Amin Arisha, Emirate
Und Peter Mortazavi, grafik&design, Köln
Gesamtherstellung: sieprath druck service GmbH, Aachen
Printed in Germany
ISBN 978-3-941822-07-8

Badreya El Beshr

Der Duft von Kaffee und Kardamom

Roman

Aus dem Arabischen
von Nuha Sarraf-Forst

ALAWI VERLAG

1

Ich zog den Vorhang ein wenig zurück. So konnte ich besser auf die Straße schauen, die vor meinem Fenster lag. Ich hörte die Kinder, die auf dem Weg zur Schule waren und an den Händen ihrer Eltern hingen. Der gelbe Bus der Mädchenschule eilte vorbei. Die Mädchen waren mit schwarzen Gewändern behängt. Ein anderer Schulbus voller Kinder, die mit ihrem Geschrei den Fahrer nervten, fuhr ebenfalls vorüber. Die Straße nahm sich liebevoll der Nässe an. Der Asphalt spielte mit dem leichten, feinen Sprühregen und badete sich darin. Die brennende Hitze des Sommers war heute, am ersten Tag des Winters, längst verglüht. Ich hörte die Stimme meiner Mutter, wie sie die kleine May drängte, sich endlich fertig zu machen für die Schule. Die Vögel am Himmel schlugen mit ihren Flügeln und hoch oben auf den Bäumen, die den Straßenrand säumten, verkündeten sie ihr frühes Erwachen. Unablässig sprühte der feine Regen. Das Tor der Morgendämmerung öffnete sich und ließ kleine Schäfchenwolken auf dem Feld des blauen Himmels weiden, die allmählich alles in reines Weiß verwandelten. Die Sonne zog das Wolkenlaken über und ruhte sich aus. Am Horizont sprudelten die Wolken wie Dampf in den Kesseln des Himmels. Die kleineren Wolken hüpften fröhlich wie blubbernde Seifenblasen. Wenn in der Gegend von Nagd, der durstigen Stadt, der Regen einmal in Strömen herabstürzt, feiern ihn die Leute, und eine närrische Freude ergreift sie. Normalerweise fällt der nagdäische Regen nur sanft und sehr selten.

Der Geruch des Regens setzte die trockenen Äste in meinem Herzen in Bewegung, bis sie brachen und in meiner Brust einen heftigen Schmerz verursachten. Glückselig schwebten ihre trockenen Blätter in die Tiefe. Doch in weiter Ferne tauchte eine Erinnerung an eine traurige Vergangenheit auf. Ich fühlte mich nicht wohl, also wusch ich mich und verrichtete ein Gebet.
Ich öffnete die Zimmertür und ging hinaus, Kaffeeduft wehte mir ins Gesicht. Er zog durchs Haus wie ein heißes, sommerliches Feuer. Der kräftige Geruch kam aus der Küche und verbreitete sich überall.
Ammusche röstet die Kaffeebohnen immer selbst. Sie stellt die grünen Bohnen in einer heißen Pfanne auf den Herd und wendet sie solange hin und her, bis sie langsam dunkelbraun werden. Die Leute von Nagd mögen den schwarz gerösteten Kaffee nicht, sie bevorzugen den braunen, leichteren Kaffee. Seine Farbe soll dem von der Sonne gegerbten Gesicht eines Beduinen gleichen.

Ammusche mahlt die Kaffeebohnen nur kurz, damit die Hälfte der Bohnen noch grob ist. Sie füllt eine Mokkatasse mit den gemahlenen Bohnen und schüttet sie in ein kupfernes Kännchen, in dem das Wasser bei schwacher Hitze kleine Wellen bildet. Sobald das Wasser mit dem Kaffee zu kochen beginnt, fügt sie eine halbe Tasse gemahlenen Kardamoms hinzu. Nun kocht alles auf wie eine durstige Seele, die sich nach Umarmung sehnt. Der Kaffee bemächtigt sich der fein gemahlenen Kardamomkrümel und überflutet sie mit seinen dunkelbraunen Wellen. Diese verschlingen den erregten Kardamom samt seinem Aroma. Der Duft dieser heißen Umarmung verbreitet sich überall. Kaffee und Kardamom wogen in gemeinsamen Wellen hin und her, bis zur erneut emporsteigenden Flut. Ammusche lässt den Kaffee nicht ganz aufwallen. Noch bevor er wieder nach oben kocht, nimmt sie die Kanne vom Herd und wartet, bis sich der Kaffee beruhigt und gesetzt hat, dann schwenkt sie den Boden der Kanne wieder über die Flamme zurück. Erneut kocht der Kaffee stürmisch auf, wirbelt die harten Schalen des Kardamoms an die Oberfläche, um dann wieder abzusinken. Nach drei Umläufen – und nicht mehr – löscht Ammusche die Flamme und zieht die Kanne von der Feuerstelle. Der Kaffee, noch ein wenig benommen, beruhigt sich und wiegt sich im Wohlgeruch der grob gemahlenen Kaffeebohnen.

Der Duft des Kardamoms durchzieht den Kopf mit Leidenschaft und wachsender Erwartung; der Kaffee reinigt unsere morgendliche Stimmung von den lästigen Resten der gestrigen Träume und belebt unser Gemüt, während wir uns beim Genuss von bitterem Kaffee und süßen Dattelfrüchten von den Geschichten überfluten lassen, die aus ihm hervorsprudeln.

Die meisten Geschichten dieses Hauses wurden beim Kaffeetrinken gewebt. Die Kaffeetrinker befreien sich von den Fesseln der schnöden Realität. Nach der dritten Tasse wird irgendeine Geschichte erzählt, immer wieder in anderer Fassung, sie ist also nie die gleiche. Sie mag sich nicht im Kreis

drehen. Eine erfahrene Erzählerin ist stets darauf bedacht, die Geschichte immer wieder mit neuen Einzelheiten zu würzen. Die Kunst des Erzählens ist eine Gabe, die in unserer Familie weitervererbt wird. Ich war die erste Schülerin, die die Kunst des Geschichtenwebens nicht nur durchs Zuhören erlernte, sondern diese Geschichten mit Vorliebe auch aufs Papier brachte. Ich unternahm mehrere Anläufe, sie unter anderem Namen in Zeitungen zu veröffentlichen. Anfangs hinderte mich mangelndes Selbstbewusstsein daran, meinen Namen öffentlich preiszugeben. Später hatte ich Angst vor den Wutanfällen meines streng religiösen Bruders Ibrahim, der ständig seine Überwachungskampagnen gegen mich führte, sobald er meinen Namen in der Zeitung entdeckte. Wir hatten schreckliche Auseinandersetzungen wegen meiner ersten literarischen Versuche, die schließlich doch in den Zeitungen erschienen. Sieger bei diesen Streitereien blieb jeweils das geschriebene Wort.
Die Lebensläufe der Frauen in unserem Haus waren Ursprung für viele Geschichten, die aus Kaffeetassen geboren wurden. Jede Frau barg ihre eigene Geschichte im Herzen einer Tasse. Sollte das im Kaffeesatz verborgene Geheimnis einmal keine Geschichte hervorbringen, dachte sie sich einfach eine aus; als Medizin gegen die Bitterkeit des Lebens. Und so bekamen die Frauen immer wieder aufs Neue Lust auf eine Geschichte, während sie ihren bitteren Kaffee tranken. Und jede dieser Geschichten entsprang der Gebärmutter einer prallen Kardamomkapsel, die sie wie ein Samenkorn umschloss.

Die vertraute Freundin meiner Mutter, Ammusche, erzählte mir die Geschichte meiner Großmutter, die an einem frühen Morgen mit einer Tasse Kaffee begann.
Eines Tages ging mein Großvater, Abdul-Muhssin, los, um nach seiner verloren gegangenen Kamelstute zu suchen. An diesem nebligen, kalten Tag fand er die Tür von Salim Ibn Dalaan angelehnt. Er hörte das laute Hämmern, das aus dem Herzen des Mörsers ertönte und die Kaffeebohnen zerstampfte. Der Duft des Kaffees drängte sich durch den Spalt der Tür, vor der Abdul-Muhssin mit gerunzelter Stirn und schlecht gelaunt über den Verlust seines Kamels klagte. Gleichzeitig verspürte er großes Verlangen nach einem morgendlichen Kaffee, der seine Stimmung aufhellen könnte. Er konnte diesem Duft, der alle seine Sinne erfasste, einfach nicht widerstehen. Schließlich klopfte er an die Tür und rief: „Salim!"
Salim Ibn Dalaan antwortete: „Gott zum Gruß, komm herein!"
Abdul-Muhssin hüllte sich in die Weite seines Umhanges, um sich vor der strengen Kälte „der vierzig eisigen Tage" zu schützen. Das Feuer des winterlichen Ofens erfüllte seinen Körper mit wohliger Wärme und der Duft des Kaffees versetzte ihn in einen Zustand der Erregung. Ibn Dalaan rief:
„Salma, hol uns Kardamom!"
Salma kam herein. Sie trug ein grünes Kleid, der lange Frauenschleier bedeckte ihr Gesicht, nur ihre kleinen, glänzenden Augen schauten darunter hervor. Sie wagte einen – wenn auch verschämten, so doch strahlenden - Blick auf Abdul-Muhssin. Die

schwarze Augenschminke verlieh diesem kurzen Blick eine besondere Eleganz, die selbst die Asche der Scham nicht auszulöschen vermochte. Ihr wacher Blick eroberte sofort einen Platz in Abdul-Muhssins Herzen, das immer gleich in eine gefährliche Unruhe geriet und sich nur allzu schnell von Frauen entzücken ließ. Noch hatte er nicht wahrgenommen, wie sehr sie ihm bereits den Kopf verdrehte. In schlängelnder Bewegung ging sie hinaus. Der lange Zopf floss über ihren Rücken. Ihr Busen trat zwei prallen Granatäpfeln gleich unter ihrem grünen Kleid hervor.

Salma war groß gewachsen und schlank wie eine Kardamomkapsel. An der Tür warf sie ihrem Vater einen verschnürten Beutel zu, ging zurück und verschwand wieder im Haus. Abdul-Muhssin hörte die Geräusche ihrer Hausarbeiten. Während er seinen Kaffee zu sich nahm, verflüchtigte sich seine an diesem Morgen so miese Laune allmählich, und ein Freudenrausch überwältigte ihn. Seine Gedanken waren vor lauter Entzücken in höchste Erregung geraten und ließen ihn mit plötzlicher Leichtigkeit schweben, als befände er sich in einer endlosen Weite. Er hörte, wie ein anderer Mann in ihm ohne seine Erlaubnis sprach. Er schlug seinen wollenen Umhang zurück und hörte sich sagen:

„Würdest du mir deine Tochter Salma zur Frau geben, Ibn Dalaan?“

Ibn Dalaan senkte den Kopf, während er in der Glut des Ofens herumstocherte:

„Nichts dagegen. Trink erst einmal deinen Kaffee, dann gehen wir zum Scheich, damit er die Ehe schließt.“

Die Antwort Ibn Dalaans platzte mitten in Abdul-Muhssins Herz. Mit einem Schlag war er hellwach und spürte, dass er sich durch seine spontane Idee in eine recht unangenehme Lage gebracht hatte. Er verfluchte den Augenblick, als er hierher gekommen war. Das war eigentlich nicht der richtige Tag für die Jagd auf Rehe. Warum musste er bloß gleich auf das erste vorbeihuschende Reh zielen?
Abdul-Muhssin - bekannt für seine vielen Ehen - hatte eigentlich vor, sich am morgigen Tag bei seiner Reise nach Hidjaas auf eine weitere Jagd zu begeben. Wohin auch immer er für einige Zeit verreist, sorgt er dafür, dass ihm auf längeren Reisen immer eine Ehefrau zur Verfügung steht: in Yanbaa Hidjaas, wo er Handel treibt, hat er eine Frau, die Safiyya heißt und drei Kinder von ihm hat. In Jerusalem hat er eine jüngere, hübsche Frau, Tochter des Händlers Alakielat. Er heiratete sie letztes Jahr, und sie wartet dieses Jahr darauf, dass er auf seiner Reise bei ihr vorbeikommt. In seinem Haus nebenan lebt seine nagdäische Frau Saada. Und sie wird ihm diese dumme Geschichte von der verhängnisvollen Tasse Kaffee und ihren Folgen nicht abnehmen. Das heißt, diese neue Ehe wird ihm ausgerechnet jetzt, wo er sich tags darauf auf eine weite Reise vorbereitet, ein Hindernis sein. Eine neue Frau passt ihm jetzt eigentlich gar nicht in den Kram. Die einzige Rettung wäre, den Scheich nicht anzutreffen. So könnte er verschwinden, ohne sich in eine neue Ehe zu verwickeln. Doch an diesem Tag war er vom Unglück verfolgt: der Scheich war da. Er vermählte ihn mit Salma!
Als seine Frau Saada das hörte, verbreitete sie unter den Leuten das Gerücht, dass Abdul-Muhssin

Salma nicht aus eigenem Antrieb geheiratet hätte. Schließlich war die Heirat ein Unglück für Saada; zumal Abdul-Muhssin später sagte, dass diese Hochzeitsnacht und die Ehe mit Salma – so zufällig zustande gekommen – das Beste sei, was ihm in seinem Leben passieren konnte. Salma tätowierte sein Herz mit dauerhafter Liebe, die bis zu ihrem Tod nicht erlöschen sollte. Sie gebar Heele und Abdullah: meine Mutter und meinen gutmütigen Onkel. Salma starb im Gnadenjahr wie viele andere. Abdul-Muhssin hörte niemals auf, Liebesgedichte vorzutragen. Wer diese Gedichte hörte, konnte kaum glauben, dass Abdul-Muhssin jemals eine andere Frau als Salma gekannt hatte.

2

Ammusche war eine schwarzhäutige, magere Frau mit sehr dünnen Armen und Beinen. Ich kannte sie schon seit meiner frühen Kindheit. Ihre kleinen, scharfen Augen, Adleraugen ähnlich, waren alles, was von ihrem Gesicht zu sehen war. Ständig trug sie ihren Niqab. Nie legte sie ihn ab. Selbst wenn sie ihren Mittagsschlaf im Hof des Hauses machte, verhüllte der Niqab ihr Gesicht. Immer wenn die Kinder sie sahen, hängten sie sich an die Zipfel ihres Niqab und zogen daran. Sie schlug ihnen sanft auf die Finger und ermahnte sie: „Weg von meinem Ehrenschutz, Kinder!"

Als Ammusche zu uns kam und nach dem Tod meines Vaters mit uns leben wollte, beharrte sie weiterhin darauf, ihr Gesicht mit dem Niqab zu verhüllen. Mittags legte sie sich auf die Kissen des Wohnraums im Erdgeschoss. Der Niqab vor ihrem Gesicht sah aus wie ein ständig geschlossener Fensterladen und war mit einem Band hinter dem Kopf zusammengebunden. Sie löste es nie. Die kleine May lief um sie herum und versuchte mit ihrem Köpfchen unter den Niqab zu schauen. Sie dachte wohl, Ammusche würde ihn nur tragen, um mit ihr zu spielen und ihr Angst zu machen. Meine Mutter bat sie nachdrücklich:

„Nimm doch den Niqab zuhause ab, Ammusche. Du machst dem Kind ja Angst!" Ammusche entgegnete in ihrer schlichten Sprache:

„Ach, Schwester, bei Gott, ich kann nicht ohne ihn! Er gehört zu mir wie meine eigenen Augen!"

Später gewöhnte sich Ammusche jedoch daran, den Niqab wenigstens ab und zu abzunehmen. Aber

sobald sie ein Klopfen an der Tür oder die Stimme eines Mannes hörte, fand der Niqab sofort wieder seinen Platz vor ihrem Gesicht und Ammusche sagte:
„Ohne ihn fühle ich mich nackt."
Wenn Ammusche auf ihre schlichte Art und Weise sprach, lachten wir Kinder immer los, ohne zu merken, dass es gar nicht ihre Absicht war, uns zum Lachen zu bringen. Dennoch freute sie sich über unser Lachen und erzählte weiter. Sie lebte anspruchslos, ging einfach und spontan mit uns um, im Gegensatz zu meiner Mutter, die der Ansicht war, dass man sich nicht dem Spaß hingeben dürfe und dass eine Frau nie laut sein sollte, weder beim Sprechen noch beim Lachen. Ich konnte mich nicht gleich an Ammusches Gesichtszüge gewöhnen, wenn sie ihren Niqab abgenommen hatte. Sie erschienen mir fremd: ihre kleine breite Nase, ihr großer Mund mit den schmalen Lippen und ihre gelben Zähne, die durch das ständige Kaffeetrinken so verfärbt waren. Sie trank abends gut und gerne 15 Tässchen Mokka, legte sich dann auf ihre rechte Seite und schon nach einer Minute schlief sie tief und fest. Damit widerlegte sie alle wissenschaftlichen Studien, die besagen, dass Kaffee ein aufputschendes Getränk sei.

Ammusche wurde in Leila, dem im Süden gelegenen Dorf meiner Vorfahren geboren. Dort sind auch mein Großvater Abdul-Muhssin und meine Großmutter Salma auf die Welt gekommen. Ammusches Mutter jedoch stammte aus einem anderen Land. Ammusche wusste nichts über dieses

Land ihrer Vorfahren, außer den Geschichten, die ihr ihre Mutter Nuweer erzählt hatte. Ich habe ihre Mutter vor ihrem Tod gesehen, als ich sieben Jahre alt war. Damals hielten wir uns zur Hochzeit eines Verwandten im Dorf auf. Alle Dorfbewohner nannten Ammusches Mutter, die blinde Nuweer, „Großmutter Nuweer". Auch ich nannte sie so, ohne zu wissen, warum. Zwar wunderte ich mich, dass ich eine schwarzhäutige Frau als „Großmutter Nuweer" ansprechen sollte, aber weil alle – jung und alt - sie so anredeten, wurde es auch für mich ganz normal.

Nuweer wohnte in einem kleinen Haus am Rande des Dorfes in der Nähe eines Brunnens, um den sich viele Legenden rankten. Man erzählte sich im Dorf unter anderem, dass die Leute einmal einen Dorfbewohner im Brunnen fanden, der hineingestürzt und dort die ganze Nacht über an seinem Umhang darin hängen geblieben war. Der Mann schrie so laut, dass alle Bewohner wach wurden und ihn schließlich aus dem Brunnen herauszogen. Die blinde Nuweer kannte den Weg zu ihrem Haus und zu allen anderen Häusern im Dorf. Ihr Stock war ihr einziger Begleiter, mit dem sie die Straße und die Türen ertastete. Die Türen aller Dorfhäuser standen den ganzen Tag über offen, um Sonne und Besucher einzulassen. Nuweer war überall gern gesehen, und sobald sie ihren Ruf hörten – Salam … jemand zu Hause? – freuten sie sich, noch bevor sie sie sahen.

Ammusche erzählte mir, dass vermummte Männer Nuweer vor langer Zeit an der fernen Küste von Oman entführt hatten. Nuweer war gerade sieben

Jahre alt gewesen und eines von vielen Kindern, die damals ihren Familien entrissen und entführt wurden. Die Entführer trugen sie in einem Leinensack, in dem sie einen Monat lang nachts auch schlafen musste. Tagsüber wurden ihre Füße mit einem Seil so zusammengebunden, dass sie kaum mehr als zwei Schritte machen konnte. So wollte man ihre Flucht verhindern. Die entführten Kinder bekamen nur trockenes Brot und Wasser. Im besten Falle bekamen sie ein paar getrocknete Datteln dazu. Nach vielen schweren Nächten auf dem Rücken eines Kamels war sie völlig erschöpft. Im Laufe der Zeit vergaß sie sogar die Stimme ihrer schwangeren Mutter. Und die Gesichter ihrer Brüder verblassten zu Trugbildern einer schmerzhaften Erinnerung, die Nuweers Herz zu erwürgen drohten. Jedes Mal, wenn sie zu essen begann, blieb ihr der Bissen im Halse stecken. Sie versuchte diese Erinnerung zu vertreiben, um ohne Schmerz essen zu können und arbeitete viel, um vergessen zu können. Aber stets schwebte sie in ihren Traumbildern durch ihr altes Haus und um den verzauberten Dorfbrunnen herum; Teufel und Skorpione waren seine heimlichen Bewohner. Manchmal bildete sie sich sogar ein, das Singen ihres Vaters zu hören, so wie er immer auf dem flachen Dach ihres Hauses gesungen hatte. Sie hörte auch den Lärm, den sie und die anderen Kinder beim Spielen gemacht hatten.
Die Händler an der Küste verkauften das kleine Mädchen an meinen Großvater Abdul-Rahman. Er gab ihr den Namen Nuweer, eine Koseform für Nura, Licht. Und allmählich vergaß sie ihren omanischen Namen. Mein Großvater nahm sie als Sklavin; eine

sexuelle Beziehung hatte er nicht mit ihr. Zwei Jahre später verheiratete er sie mit einem anderen Sklaven namens Djoher, der auch bei ihm arbeitete. Sie sollten ihm Nachwuchs verschaffen, neue Sklaven. Nuweer schenkte ihrem Mann sechs Jungen und die Tochter Ammusche. Diese lebten mit den gleichaltrigen Kindern Abdul-Rahmans zusammen und waren ihre Gefährten. Aber im Gnadenjahr, Anfang des 20. Jahrhunderts, starb die Hälfte von ihnen wie viele andere, als die Pest die Dörfer um Nagd heimsuchte. Die dürre Ammusche widersetzte sich jedoch hartnäckig dem Tod und überlebte. Als Nuweer dann ihr Augenlicht verlor, wurde Ammusche für sie zu jungen Augen und zum Stock, auf den sie sich stützen konnte und der die lange Traurigkeit ihres Lebens vertreiben sollte.

Ammusche hatte große Angst vor Männern. Sie erzählte mir von den Kneifspuren auf den Oberschenkeln ihrer Töchter, die sie selbst verursacht hatte, um ihnen einzubläuen, sich von Männern fernzuhalten.
Sie warnte mich:
„Kind, die Männer sind wie Hunde. Sobald sie eine Frau sehen, vergessen sie alles andere, und das Wasser läuft ihnen im Munde zusammen."
Ich lachte über Ammusches Angst, die ich mir nur mit ihrem mangelnden Selbstbewusstsein erklären konnte.
„Ach, Tante Ammusche," entgegnete ich ihr, „ich arbeite im Krankenhaus mit vielen Männern zusammen, nichts von dem, was du dir ausmalst, ist mir je untergekommen."

Doch sie bestand darauf:
“Die Männer sind nicht alle gleich. Es kommt aber schon vor, dass eine Frau von einem Mann heimgesucht wird, der weder Gott fürchtet noch Hemmungen vor den Leuten hat!“
„In so einem Fall werde ich mir schon zu helfen wissen. Ich besitze nämlich einen Apparat, der den Mann auf der Stelle erlahmen lässt.“ Ammusche schaute mich an, zuerst so, als wollte ich ihr meine Zauberkraft offenbaren; dann dachte sie, ich wollte sie verspotten. Sie lächelte, so dass ihre gelben Zähne und ihr dunkles Zahnfleisch zum Vorschein kamen. Allmählich begann sie mir jedoch zu glauben und meinte schließlich:
„Bei Gott, meine Tochter, ihr Mädchen von heute macht einem ja richtig Angst wie sonst nur die Männer!“

Ammusche erzählte mir einmal von der Angst, die sie eines Abends überfiel, als ein junger Mann, der Nachbar meines Großvaters, sie unweit vom Garten ihres Onkels Gjeaan verfolgte. Die Männer des Dorfes führten sich alle auf, als seien sie ihre Herren, nie durfte sie ihnen widersprechen. Jeder durfte ihr einfach auf den Kopf schlagen, sie mit unverhohlenen Liebesworten belästigen oder seine Hand zwischen ihre Schenkel stecken. Sie lief immer weg, schon aus purer Angst vor der Strafe ihrer Mutter, wenn sie sich bei ihr über diese widerwärtigen Herren beklagte.
Jener junge Mann hieß Obaid. Sie konnte sich noch genau an sein Gesicht erinnern. Er schielte stark nach außen. Vielleicht war sie durch das

Schielen seiner Augen auch getäuscht worden, denn anfangs merkte sie gar nicht, dass er es auf sie abgesehen hatte. Damit versuchte sie sich später jedenfalls vor sich selbst zu rechtfertigen, als sie zu ergründen suchte, was sie eigentlich dazu veranlasst hatte, sich wie eine lahme Henne zu verhalten, die von einem frechen Hahn belagert wird.

An einem herbstlichen Spätnachmittag, als die Luft schon abgekühlt war, kletterte sie auf eine Palme, um Datteln zu pflücken. Als sie die Hälfte des Stammes erreicht hatte, bemerkte sie ihn. Vorher hatte sie sein Kommen gar nicht wahrgenommen, deshalb erschrak sie, als der Schatten seiner Gestalt langsam neben der Palme auftauchte. Vielleicht ahnte sie in dem Moment schon, dass sein vorsichtiges, heimliches Anschleichen etwas Bedrohliches ankündigte. Er saß am Fuß der Palme und wartete auf sie. Sie flehte ihn an:

„Mach mir bitte den Weg frei, Onkel. Ich möchte dir beim Herunterklettern nicht wehtun."

Arglistig meinte er nur:

„Keine Angst, ich helfe dir."

Laut und entschlossen rief sie: „Nein, mein Onkel, nein, mein Onkel, mach mir nur den Weg frei!"

Sie wäre gerne oben auf halber Höhe des Baumes geblieben, bis dieser schielende Onkel sich vielleicht entschlossen hätte, sie endlich in Ruhe zu lassen. Aber ein Holzsplitter der Palme steckte in ihrem Fuß und tat ihr weh. Ihr geschwächter Fuß rutschte ab. Ihr Knie stieß an den scharfen Stumpf eines abgebrochenen Palmwedels und begann zu bluten. Plötzlich merkte sie, wie Obaids Hände ihr Hinterteil packten. Er zog sie zu sich heran. Seine

Arme, die sie von hinten umschlangen, waren stärker als sie. Sie hatte Angst zu schreien; denn dann könnten ihre Herren vielleicht wütend auf sie werden – sie könnte damit ja einen Skandal auslösen. Vielleicht würden sie sie sogar töten, wenn sie erführen, was mit ihr passiert war. Vielleicht würde der Imam der Moschee, dessen Augen immer glutrot waren, den Befehl geben, sie zu töten, oder es sogar selbst tun. Dieser Imam verfolgte sie immer, wenn sie ohne Kopftuch die Moschee betrat.

Leise flehte sie nun ihren Verfolger an:

„Bitte, bitte, Onkel, lass das! Wenn meine Mutter davon erfährt, wird sie mich umbringen."

Obaid hörte überhaupt nicht auf sie. Vor lauter Erregung verschwand einer seiner Augäpfel immer wieder ins Leere, während seine Hand unter dem Kleid nach ihrer Brust grapschte – ein Griff wie ein Biss! Von den Verletzungen, die sie im weiteren Verlauf erlitt, blieb ihr später nur ihre Knieverletzung in Erinnerung, die einen Monat lang nicht heilen wollte, während sie die Geschichte mit Obaid in ihrem tiefsten Inneren verdrängte. Sie konnte sich nicht mehr erinnern, wie sie dann aufgestanden war und den Staub aus ihrem Kleid geschüttelt hatte. Keine einzige Träne schoss ihr während dieses Übergriffs aus den Augen. Sie merkte nur, wie salziges Wasser in ihren Rachen drang; sie schluckte das Salzwasser hinunter und kam mit sich überein: niemand hat mich gesehen oder gehört. Warum sollte ich mich einer Strafe aussetzen und irgendjemandem etwas davon erzählen?

In der Nacht merkte Ammusche nicht, dass sich hinten an ihrem Kleid ein Blutfleck abgezeichnet hatte. Während sie schlief, bemerkte ihre Mutter aber den Fleck. Sie spürte, wie ihr die Mutter das Kleid vom Oberschenkel streifte und sie am Bein zog, um sie aufzuwecken. Sie schlug heftig auf Ammusche ein, bis diese ihr offenbarte, dass sie doch schuldlos war und dass der Eseltreiber Obaid ihr den Atem geraubt und mit ihr etwas gemacht hatte, was sie nicht kannte und nicht benennen konnte. Deswegen floss jetzt das Blut zwischen den Schenkeln und tropfte von ihrem Knie. Zur Mutter konnte sie nur sagen:
„Onkel Obaid hat mich geschlagen. Was hätte ich denn tun können? Ich bin doch ein kleines Mädchen!"

Ammusche heiratete Fohaid, den dunkelbraunen Ziegenhirten. Er war ein Sklave gewesen, bis sein Herr Bin Hamed ihm die Freiheit gegeben hatte. Fohaid war ein armer Mann, gegen ein geringes Entgelt hütete er die Ziegen des Dorfes. Ammusche klagte dauernd über seine Armut und seine Faulheit. Und Nuweer fütterte nicht nur ihre Tochter und Enkelkinder durch, sondern auch ihn. Eigentlich hätte ja er die Familie ernähren und ihr aus ihrer Armut heraushelfen sollen. Doch jedes Jahr fügte er der Familie ein neues Kind hinzu, denn Ammusche wurde jedes Mal schwach, wenn sie in den kalten Winternächten seinem Begehren nachgab. Es war auch nicht schwer für ihn, sie in den Hainen und Gärten herumzubekommen, wenn die Landarbeiter nicht da waren und niemand Zeuge seiner hungrigen Leidenschaft wurde.

Ammusche lebte trotz ihrer schwarzen Hautfarbe mit meiner Mutter, die hellhäutig war, einmütig unter einem Dach zusammen. Es sah aus, als seien die beiden Schwestern von verschiedenen Eltern. Sie verstanden sich so gut wie zwei Freundinnen aus der Kindheit. Eine gleiche Kultur vereinte sie: die gleichen Verbote und die gleichen Sitten. Sie waren aus dem gleichen Lehm, hatten aber nicht die gleiche Farbe. Auch ihre Stimmungen waren unterschiedlich. Ammusche liebte lange Gespräche, während meine Mutter so etwas hasste und meinte, solche Gespräche seien Unsinn und führten nur zu Sünden. Daher sprach sie stets nur in formelhaften Wendungen, in denen sie Gott um Verzeihung bat. Ammusche war freudig bewegt, wenn sie Gesang hörte. Sie tanzte sogar, wenn sie in mein Zimmer kam und die Musik spielte. Meine Mutter dagegen drohte mir jedes Mal, wenn sie die Stimme des saudischen Sängers Mohammed Abdu aus meinem Zimmer vernahm:
„Denk daran: Gott wird heißes Eisen in die Ohren derer gießen, die dem Gesang lauschen."

Ammusche erkannte, dass inzwischen eine neue Zeit angebrochen war, ganz anders als die Zeit ihrer Eltern, bevor König Faisal in den sechziger Jahren des 20. Jahrhunderts das Gesetz der Sklavenbefreiung verabschiedet hatte. Als Djoher damals die Leute darüber reden hörte, eilte er zusammen mit seiner Frau Nuweer zu seinem Herrn Abdul-Rahman. Das war nach ihrer Pockenerkrankung, die auch ihr Gesicht befallen hatte und sie erblinden ließ. Sie befragten ihren Herrn Abdul-Rahman zu dem Gerücht, woraufhin dieser nur erwiderte:

„Ihr seid ab heute frei!"
Mein Großvater sah nicht den furchtsamen Blick in Djohers Augen, als dieser verunsichert fragte:
„Wohin sollen wir denn gehen, Herr? Wir kennen doch nur dieses Haus und diesen Garten!"
Mein Großvater wusste keine Antwort. Die Situation war verwirrend. Er und seinesgleichen wussten bis zu diesem Moment überhaupt nicht, wie sie ohne Sklaven auskommen sollten. Aber das Gesetz war endgültig, und jeder Sklavenhalter konnte eine Entschädigung bekommen, falls ihm die Gnade Gottes nicht reichen sollte. Mein Großvater schaute auf Nuweer und die kleine Ammusche, die etwa neun Jahre alt war, und wiederholte lediglich:
„Ihr seid ab heute frei!"

Nuweer wandte meinem Großvater den Rücken zu und tastete mit ihrem Stock den Weg ab. Sie murmelte dabei Worte, die Ammusche nie vergessen sollte:
„Oh Gott. Für unsereins bedeutet Freiheit bloß Kälte und Hunger!"
Der Winter in jenem Jahr war hart. Djoher fragte seinen Herrn erneut:
„Wohin sollen wir denn gehen, Herr? Lass uns für dich arbeiten!"
Abdul-Rahman sagte:
„Was wollt ihr denn arbeiten? Was soll ich euch zahlen?"
Djoher meinte:
„Wir arbeiten für unser Essen und für die kleine Wohnung, in der wir schlafen. Das soll uns reichen."
Und Abdul-Rahman antwortete: „Ich habe nichts dagegen... nichts dagegen."

Erst als Ammusches Kinder zur Schule gingen und Schuluniformen trugen, genauso wie die Kinder aller ihrer ehemaligen Herren im Dorf, nahm sie wahr, dass sie keine Sklaven mehr waren. Erst jetzt begriff sie die Worte von Abdul-Rahman: „Ihr seid ab heute frei!"
Sie brauchte lange, um die Bedeutung der erlangten Freiheit zu verstehen. Sie hat diese Freiheit jedoch nie selbst genossen. Für sie war das nur ein leeres Wort ... Es ist schwierig für einen Sklaven, sein Sklavendasein wirklich hinter sich zu lassen, vor allem, wenn die anderen seine Freiheit ignorieren. Ammusche ist immer das gleiche kleine Mädchen geblieben, das vor Angst zitterte, dem sich die Haare sträubten und das unbewusst immer sofort aufstand, wenn ein „Onkel" oder eine „Tante", ihre ehemaligen Herren, sie riefen.
„Sag nur, mein Herr, was du willst ... Sag es nur, Herrin!"
Sie wagte es nie, auch nur einem von ihnen eine Bitte abzuschlagen, selbst wenn sie vor Fieber zitterte oder im Wochenbett blutete. Sie verließ ihr Krankenbett, um vor dem Backofen zu stehen oder um ein Schaf aus dem Topf herauszuheben. Sie kochte für die Hochzeiten und für die Einladungen ihrer ehemaligen Herren, auch nachdem sie frei geworden war. Als Lohn erhielt sie neue Kleidung zu den Festen oder Münzen als Festgeschenk, Sachen für den Haushalt wie Kardamom und Kaffee, etwas, was das Leben lebenswerter machte. Und später, als Reissäcke aus Riad eintrafen, gab man ihr einen Vorratskrug voller Reis, damit sie bei sich zuhause für ihre Kinder kochen konnte.

Ihre freien Kinder genossen die Freundschaft mit den Kindern im Dorf; einige von ihnen wurden sogar Geschwister für sie, da Ammusche die Hälfte der Kinder des Dorfes als Amme stillte, solange sie eigene Säuglinge hatte. Wären ihre Kinder nicht schwarzhäutig gewesen, hätten sie keinen Unterschied zu den anderen verspürt. Die Hartnäckigkeit ihrer Tochter Saada und die Achtlosigkeit ihres Sohnes Farag gegenüber den herrischen Forderungen älterer Dorfbewohner reizten einige zum Zorn. Sie erinnerten sich nur allzu gut daran, dass deren Eltern noch Sklaven gewesen waren, und für manche Dorfbewohner hatte die Befreiung noch längst nicht stattgefunden – mochte der König sie auch veranlasst haben. Sklaven blieben eben immer Sklaven. Ihre schwarze Hautfarbe würde sie immer am untersten Rand der gesellschaftlichen Skala ansiedeln. Ammusche erlebte die Freiheit nur mittelbar durch ihre Kinder. Sie waren für Ammusche die Brücke zur Freiheit. Damit begnügte sie sich und war zufrieden.

Viele Kinder im Dorf nannten sie „Mutter", ohne sich zu dessen zu schämen. Und wenn wir, die Stadtkinder, das Dorf besuchten und hörten, wie auch unsere Cousins und Cousinen sie so nannten, staunten wir über diese schwarze Mutter, über deren Besuch sich meine Verwandten freuten. Sie empfingen sie immer fröhlich; und die Frauen brachten ihr Geschenke mit aus Riad: bunte Stoffe, einen schwarzen Umhang aus Seide oder einen Pullover aus Wolle. Einmal sah ich, wie sie meinen Onkel mütterlicherseits auf die Wange küsste. Meine Mutter erzählte mir, dass Ammusche ihr zur

Schwester geworden war, zur Milchschwester: Nuweer hatte nämlich meinen Onkel Abdullah und Ammusche gleichzeitig gestillt.

Farag, Ammusches Sohn, ging nach Riad und arbeitete dort als Telefonist im Hause eines Scheichs. Er drängte seine Mutter, zu ihm nach Riad zu ziehen, aber sie wollte nicht. Erst als die Ärzte in der Leila-Ambulanz ihr sagten, dass man sie nur in Riad behandeln könnte, durfte er sie holen.
Das Haus ihres Sohnes Farag lag im Skereene-Viertel, wo sie niemanden kannte. Es wurde für sie zu einer Art Gefängnis, das sie noch kränker machte.
Als Ammusche bei der Beerdigung meines Vaters meiner Mutter ihren Beileidsbesuch abstattete, blieb sie an allen Trauertagen bei uns und schlief bei meiner Mutter im Zimmer. Meine Mutter bat sie danach, bei uns wohnen zu bleiben. Von nun an wurde sie zur ständigen Gefährtin meiner Mutter: sie gingen während des Ramadan zusammen zu den Tarawie-Gebeten in die Moschee des Viertels, auch gemeinsam zu den Ärzten, da sie beide Bluthochdruck und Diabetes hatten. Sie gingen auch zusammen zu den Hochzeiten unserer Verwandten. Zusammen machten sie auch die üblichen Vormittagsbesuche, wo sich mehrere Frauen aus dem Viertel reihum trafen.
Ammusche ist wie eine Truhe, in der die Geschichten meiner Familie aufgehoben sind – ein unerschöpfliches Lager all ihrer Geheimnisse. Ohne Ammusche hätte ich nie etwas über meine Familie erfahren. Meine Mutter wurde mit zunehmendem Alter immer schweigsamer. Ihre Stimme hatte im

Laufe der Jahre ihre Kraft eingebüßt, hatte sie doch ständig mit uns Kindern herumgeschrieen. Ihre mittlerweile leise, gedämpfte Stimme gefiel ihr nicht, also schwieg sie lieber. Sie machte ihren Mund höchstens auf, um diese merkwürdige junge Generation zu kritisieren und Gott um Verzeihung zu bitten. Meine Mutter war so unerbittlich streng, als hätte sie ein Herz aus Stein. Als ich mich eines Tages bei Ammusche über die Grausamkeit meiner Mutter beklagte, die immer wieder meine Traurigkeit und Schwäche wie ein Panzer niederwalzte, wies Ammusche meine Vorwürfe als unberechtigt zurück. Sie wollte doch nur mein Bestes und meine schlimmen Gefühle abschwächen. Ammusche war zärtlich zu mir und tröstete mich mit den Worten: „Wirf ihr das nicht vor, mein Kind. Deine Mutter ist bedauernswert."
„Bedauernswert?!" schrie ich ihr ungläubig ins Gesicht: „Glaubst du eigentlich selbst, was du da sagst?!"
„Bedauernswert" war das allerletzte, was meiner Ansicht nach auf meine Mutter zutraf. Meine Mutter wollte immer alle beherrschen, schrie ständig mit uns herum. Nie zeigte sie eine persönliche Schwäche oder räumte ihre eigene Unzulänglichkeit ein. Niemals erlebte ich, dass sie ein weltliches Bedürfnis zeigte, über eine Entbehrung klagte oder irgendeinen Verlust bedauerte.
„Mutter ist bedauernswert? Siehst du denn nicht, wie sie uns jedes Mal mit ihrer Abneigung vertreibt, wenn wir uns um ihre Gunst bemühen oder ihr unsere Liebe zeigen? Siehst du nicht, dass sie meine Brüder dauernd vorzieht und liebevoll behandelt, während sie mit uns schwachen Mädchen hart um-

geht? Meine Mutter, Ammusche, hasst uns, weil wir … Mädchen sind?!"
Ammusche wiederholte ihre Worte, während sie in eine weite Vergangenheit zu blicken schien: „Tadle sie nicht, meine Tochter. Das Leben war hart zu ihr und hat auch sie hart werden lassen, aber sie ist dennoch bedauernswert!"

Meine Mutter ist in meinen Augen eine mächtige Frau und keineswegs bedauernswert. Nie habe ich Tränen in ihren Augen gesehen. Sogar damals, als mein Vater starb, versteckte sie ihre Tränen vor uns. Manche glaubten, das geschähe aus Rücksicht auf uns. Aber wir Kinder wussten genau, dass sie uns wie immer eine Lehre erteilen wollte: nämlich das Unglück als Gottes Rechnung annehmen und den Lohn dafür im Jenseits ernten. Wer sein Unglück geduldig erträgt, beweist, dass er ein wahrer Muslim ist.
Ich gebe zu, dass meine Mutter intelligent ist. Ich muss es schließlich wissen. Als ich Kind war, glaubte ich, sie habe unheimliche Zauberkräfte, weil sie einfach alles entdeckte, was wir machten. Sie durchschaute, wenn wir sie belogen, und schien alle unsere Geheimnisse zu kennen. Meine Mutter hatte zwar nie eine Schule besucht, schrieb aber als ich im ersten Schuljahr war, manchmal nachts meine Hausaufgaben, nicht ohne mir vorher erst eine Tracht Prügel zu verabreichen, wie ich sie so oft in meinem Leben bezogen habe. Wenn sie abends meine Schulhefte und -bücher kontrollierte und feststellte, dass ich meine Hausaufgaben nicht gemacht hatte, zog sie mich an den Haaren herbei,

schlug mein Heft auf, drückte meinen Kopf hinein und befahl:
„Los! Schreib!"
Ich kauerte mich in dem einzigen Raum, der tagsüber unser Wohn- und Esszimmer, nachts das Schlafzimmer für die ganze Familie war, auf den Boden zwischen die Bettdecken. Das andere Zimmer, das Gästezimmer für die Männer, war immer ordentlich aufgeräumt und sauber und einzig den Gästen vorbehalten.
Ich stützte meinen Kopf auf die eine Hand, mit der anderen fing ich an zu schreiben. Die schwarzen, mit Punkten versehenen Buchstaben kamen mir vor wie ein unendlich beschwerlicher Weg. Ich fürchtete, dass die ganze Nacht nicht ausreichen würde, sie zu schreiben. Als ich die erste Reihe mit dem arabischen Buchstaben B schrieb, streute der Schlaf seinen Sand in meine Augen, und ich merkte, wie der Punkt unter dem Buchstaben verschwand. Ich schrieb also erst Bogen um Bogen für das B, die Punkte wollte ich dann am nächsten Morgen einsetzen. Einzuschlafen mit dem Stift in der Hand und dem Heft als Kissen unter dem Kopf – dieses Bild blieb mir immer als schönster Ausdruck für einen glücklichen Kinderschlaf in Erinnerung. Ein Bild, so widersprüchlich wie ein Traum: einerseits wie meine Mutter Gott darum bat, mein Leben zu zerbrechen und mich als räudige Hündin beschimpfte, weil ich meine Hausaufgaben nicht gemacht hatte und darüber eingeschlafen war – und andererseits wie glücklich ich dann aber am nächsten Morgen war, als ich im Klassenzimmer mein Heft aufschlug und sah, dass

die Hausaufgaben erledigt waren. Für mich war meine Mutter die schönste aller Mütter trotz der schmerzhaften Kniffe in meine Oberschenkel, die sie mir tags zuvor versetzt hatte. Meine Mutter, die Zauberin, die nie zur Schule gegangen war, hatte meine Hausaufgaben für mich gemacht!!
„Oh, du wunderbare Mutter... wie ich dich liebe!"

Als Kind glaubte ich einfach alles, was meine Mutter mir erzählte, da sie ja so viel wusste. Auch wenn sie uns erzählte, dass das Tragen von Röcken und BHs eine Sünde sei. Um uns dies als Wahrheit zu beweisen, erzählte sie uns die Geschichte des Mannes, dessen Tochter eines Tages plötzlich gestorben war. Er begrub sie auf dem Friedhof. Als er wieder zuhause war, entdeckte er, dass seine Autoschlüssel beim Begräbnis der Tochter in das Grab gefallen sein mussten. Als er zum Grab zurückging und es öffnete, fand er, dass auf der Brust seiner Tochter – an den Abdrucklinien ihres BHs - Feuer brannte. Jetzt wussten alle: das war die Strafe Gottes für seine Tochter, weil sie einen BH getragen hatte. Als Kinder achteten wir nicht auf die Widersprüche in den zahllosen Geschichten, die sie uns auftischte. Wir glaubten, dass sie uns einfach damit unterhalten wollte und nicht, um uns Angst einzujagen. Wie hätte denn der Mann ein geschlossenes Grab wieder öffnen können! Doch die Schreckensbilder in unseren Vorstellungen machten uns einfach blind. Wir klammerten uns an den Inhalt der Geschichten und wollten so einer schrecklichen Strafe unter allen Umständen entgehen. Wir hatten Angst, selbst solch ein Mädchen zu werden, das im

Grab sofort die Feuerfolter ereilte, weil es einen BH getragen hatte.
Meine Mutter hat nie einen BH getragen, geschweige denn einen Reißverschluss in ihre Kleider einnähen lassen, selbst Reißverschlüsse zählten bei ihr zum „Verbotenen“. Und so spann sie eine weitere Geschichte von einem anderen Mädchen, an dessen Körper ebenfalls ein Feuer ausbrach, das genau dem Verlauf des Reißverschlusses am Rücken ihres Kleides folgte.
Meine Mutter benutzte gerne solche Geschichten, die sich die Leute untereinander erzählten, um uns zu warnen und vor allem, dass wir uns vor Gottes Strafe, vor allem der Höllenstrafe, hüten sollten. Ständig predigte sie uns, dass alles Feuer der Welt nichts sei im Vergleich zum gewaltigen Feuer des Jenseits und dass Gott unsere Haut Tausende und aber Tausende von Male erneuern würde, sobald sich die verbrannte Haut von unserem Körper löste.

Gott in seiner Unbarmherzigkeit spiegelte sich im Gesicht meiner Mutter: immer schaute sie verärgert auf uns und drohte uns unablässig mit dem Feuer. Wie Feuer empfanden wir zumindest ihre Kniffe in unsere weichen Schenkel.
Ich erinnere mich oft an die Geschichten, deren Schrecken noch bis ins Erwachsenenalter tiefe Wunden in meinem Herzen und meinen Gedanken hinterlassen hatten. Noch heute lösen sie die gleiche Gänsehaut aus, die mich als Kind überfiel. Ich erinnere mich zum Beispiel an die Geschichte eines Mädchens, das von Verbrechern entführt worden war, um sich an ihr zu vergehen. Wenn meine

Mutter oder Ammusche über solche Schandtaten sprachen, benutzten sie stets Umschreibungen wie „ihr wurde Schlimmes angetan“ oder „ihr wurde der Rücken gebrochen“. Doch damit endete diese Geschichte gewöhnlich nicht. Nein, noch bevor die Entführer das Mädchen töteten, bat es sie zur Toilette gehen zu dürfen. Dort schrieb es einen Brief an seine Familie, in dem es die Namen der Entführer nannte und eine Beschreibung von ihnen gab. Es steckte den Brief in seine weißen Schulsocken, die es gerade trug. Die Polizei fand das Mädchen später ermordet in der Wüste. Als man den kleinen, unschuldigen Körper vor der Bestattung wusch, fand man den Brief. Daraufhin konnte die Polizei die Entführer festnehmen und bestrafen. Damit endete die Geschichte: die Gerechtigkeit siegt und die Bösen werden getötet. Mein kleines Gehirn zog daraus den Schluss: ein Mädchen muss intelligent und gescheit sein! Seine Verantwortung endet nicht damit, dass es zum jungen Opfer wird, das entführt, missbraucht und ermordet wird. Nein, bevor es stirbt und noch während es voller Angst der Entführung, Vergewaltigung und dem drohenden Tod ausgesetzt ist, soll es auch noch die Namen der Entführer bekannt geben, um deren Festnahme zu erleichtern, vor allem aber, um seine eigene Unschuld zu beweisen und die Verbrecher ihrer gerechten Strafe zuzuführen!

Jede Nacht dachte ich vor dem Einschlafen an das Mädchen mit den weißen Strümpfen. Nachts zitterte ich vor Angst und machte ins Bett. Unentwegt war ich mir meiner Verantwortung bewusst: im

Falle meiner Entführung sollte ich die Namen meiner Entführer unbedingt preisgeben. Aber der furchtbare Schrecken, der sich tief in mir eingenistet hatte, drehte sich nicht um die Frage, wie ich mich vor einer Entführung schützen könnte, sondern vor allem darum: Was sollte ich denn bloß machen, wenn ich eines Nachts entführt würde und – wie gewöhnlich – gar keine Socken anhätte?

Eine andere Schauergeschichte, die vom Einbrecher mit der schwarzen Bemalung, löste später die Geschichte vom Mädchen mit den weißen Socken ab. Auch diese versetzte mich nächtelang in Angst und Schrecken, obwohl die Frauen sie geradezu wie einen Witz erzählten. Wenn sie sich wie gewöhnlich am Nachmittag bei meiner Mutter trafen, verbreiteten sie stets neue Folgen. Jedes Mal, wenn eine neue Folge zum Besten gegeben wurde, wurde laut darüber gelacht. Der schwarze, nackte und obendrein eingeölte Dieb drang jeden Tag in eines der Häuser der Nachbargasse ein. Das heißt, das Geschehen spielte sich weit entfernt von unseren eigenen Häusern ab. Niemand konnte behaupten, je persönlich etwas gesehen zu haben oder gar versichern, dass sich die Geschichte wirklich zugetragen habe. Die Frauen amüsierten sich offensichtlich köstlich über diesen Einbrecher. Schließlich war er so bekannt wie der Star einer Fernsehserie. Unaufhaltsam verbreiteten sich die nicht enden wollenden Geschichten und Gerüchte über seine Diebstähle. Immer ging es darum, dass ein schwarzer Einbrecher in die Häuser eindrang, um zu stehlen. Kein Mensch konnte ihn je festnehmen, weil er seine nackte Haut mit Öl bestrichen hatte. Splitternackt sprang er von Haus zu Haus, dabei glänzte sein nackter Körper in der Dunkelheit der Nacht. Auch wenn jemand ihn bemerkte und verfolgte, gelang es ihm nicht, den Dieb festzuhalten, weil seine Hände an dessen schlüpfrigen Körper abrutschten.

Unermüdlich ergötzten sich meine Mutter und ihre Nachbarinnen an diesen serienmäßigen Erzählungen über den schwarzen, nackten und eingeölten Einbrecher. Ich habe eigentlich nie verstanden, warum sie lachten. Vielleicht ließ die Vorstellung eines schwarzen Männerkörpers, dessen nacktes Glied in der Luft tanzt, die Frauen lachen, mochte es sich auch um den Körper eines Einbrechers handeln. Sobald sie auf das Geschlechtsteil zu sprechen kamen, senkten sie schamvoll die Stimme und nannten dieses Teil nicht bei seinem richtigen Namen. Die Geschlechtsteile umschrieben sie mit Formulierungen wie „das Ding des Mannes“ oder „das Ding der Frau“. Trotz der anzüglichen Bemerkungen, die unsere Nachbarin Nura immer wieder machte, und trotz der Abscheu vor ihren ordinären Ausdrücken war die Scham die alles beherrschende Eigenschaft sämtlicher Nachbarinnen. Diese Schamhaftigkeit nahm gelegentlich groteske Formen an, wie beispielsweise bei Latifa, einer Nachbarin, die erst vor kurzem aus ihrem Dorf östlich von Riad gekommen war. Sie schämte sich sogar, den Namen ihres eigenen Mannes auszusprechen. Sie sagte immer „er“, „er ging“, „er kam“.... Und wenn die Frauen dann nachhakten:

„Von wem sprichst du eigentlich?“ antwortete sie erstaunt:
„Von ihm!!“
„Und wer ist dieser ‚er‘?“ kam die Frage zurück.
Latifa ärgerte sich über derart zudringliche Fragen nach etwas, das sie einfach nicht auszusprechen wagte. Sie blieb bei ihrem „er“, und wehrte sich dagegen, so bedrängt zu werden. Die Frauen lachten über sie, über ihre Verlegenheit und Naivität, die unter ihnen sonst nicht so ausgeprägt war.
Mit der Zeit nahm Latifa die Belustigung ihrer Nachbarinnen gelassener hin. Nachdem sie sich an die für sie fremde Offenheit und Kühnheit der Stadtfrauen gewöhnt hatte, gestand sie sich etwas mehr Mut zu. Sie meinte, der Wagemut der Freundinnen habe sie angesteckt. Nachdem sie ihrem Mann bereits fünf Kinder geboren hatte, wurde „er“ vor den anderen Frauen schließlich durch „unser Vater“ ersetzt. Die Frauen haben sie allerdings nie seinen richtigen Namen aussprechen hören!

In der Schule hörte ich dann viel schönere Geschichten als die vom Mädchen mit den weißen Socken oder die vom schwarzen, geölten Einbrecher. Die Schreckensbilder dieser neuen Geschichten ließen bei weitem nicht soviel Adrenalin durch meinen Körper fließen, wie es die Erzählungen von Mutters Nachbarinnen vermocht hatten.
Eines Tages fiel mir ein buntes Buch in den Händen meiner Freundin auf, die in der Schulpause mit großem Vergnügen darin las und gleichzeitig ihr Sandwich aß. Es hieß „Aschenputtel“. Sie war so

vertieft in das Buch, als läse sie es zum ersten und nicht bereits zum zehnten Mal. Ich rutschte ganz dicht an sie heran und steckte meinen Kopf neben dem ihren tief in das Buch hinein und las ebenfalls mit großer Spannung und Begeisterung diese von Anfang bis Ende wunderschöne Geschichte. Das Läuten der Schulglocke ging mir wie ein Riss durchs Herz; sie ertönte, noch bevor ich die Geschichte zu Ende gelesen hatte. Ich war so vertieft beim Lesen, dass ich nicht mehr wusste, wo ich war. Zum ersten Mal hatte ich gemerkt, wie gewaltig Gefühle sein können, wenn man plötzlich, mitten in einer spannenden Geschichte, unterbrochen wird. Während mein Herz vor Hoffnung, Angst und Sehnsucht raste, bat ich meine Freundin, das Buch behalten zu dürfen, damit ich den Rest der Geschichte lesen könnte.

„Kann ich das Buch mit nachhause nehmen? Bitte, ich gebe dir auch, was du willst!“

Ich drückte das Buch fest an die Brust, mein Gesicht war voller Hoffnung.

Meine Freundin sagte nur: „Einverstanden! Aber bring mir eine Ersatzgeschichte. Nur wenn du mir auch eine Geschichte ausleihst, geb’ ich dir mein Buch!“

Meine Freundin Nawal wollte also mit mir ein Geschichtenaustauschprogramm durchführen und ich stimmte sofort zu:

„Gut, abgemacht!“

Ich war gewissermaßen gezwungen, sie zu belügen. Denn in unserem Haus gab es kein Blatt Papier außer Schulbüchern und Heften. Wenn meine Mutter ein Blatt Papier brauchte, um eine Telefonnummer aufzuschreiben, suchte sie sich eines in unseren alten Heften. Deshalb bewahrte sie alle unsere alten Hefte auf, die noch weiße, unbeschriebene Blätter hatten. Ich musste also ein Buch von einer anderen Freundin, von Gjohera, ausleihen, damit ich es an Nawal weitergeben konnte. Gjohera machte mit, nachdem ich versprochen hatte, ihr dann „Aschenputtel" zu borgen, sobald ich es selbst ausgelesen hätte.

Ich stellte mir vor, selbst wie Aschenputtel zu sein, ein Waisenkind ohne Mutter. Ich sah in Aschenputtels tyrannischer Stiefmutter das Bild meiner eigenen Mutter, die mich ständig schlug und mir die schwere Hausarbeit zuteilte. Ich wünschte mich oft weg von diesem Haus, in dem es keinen Menschen gab, der mich liebte. Als ich las, dass ein junger Prinz das arme Aschenputtel von den Quälereien ihrer Stiefmutter befreite, entschloss ich mich, auch nach einem Prinzen zu suchen, der mich lieben würde. Ich meinte, ihn in dem gut aussehenden Salim, dem Sohn unseres Nachbarn, gefunden zu haben. Er war 10 Jahre älter als ich und der einzige, der im Alter jenes Prinzen sein mochte. Mein Herz begann jedes Mal heftig zu klopfen, wenn ich vor unserem Haus stand, die Straße hinunter blickte und Salim dann an mir vorbeiging. Er schaute mich an und lächelte, wobei ich meinen Fuß nach vorne streckte, einmal mit Schuh und einmal ohne, in der Hoffnung, er würde ihn sehen. Er sollte schließlich derjenige sein, der mir einmal die goldenen Schuhe anziehen würde. Meine Liebe zu Salim loderte mit dieser kindlichen Vision mehrere

Tage lang hell auf - bis zu jenem Tag, an dem mein Hass auf ihn entbrannte und meine Liebe zu ihm erlosch.
Eines Tages um zwei Uhr nachmittags, die Zeit, in der Salim gewöhnlich nachhause zurückkam, spielte ich vor der Tür und wartete auf ihn. Salim kam auf mich zu, drehte seinen Kopf nach links und nach rechts, und als er sicher war, dass die Straße leer war, kniff er mich ins Hinterteil. Entsetzt sprang ich auf und schrie ihm noch im Weglaufen nach: „Du Bestie!“

Eine Woche später fand ich bei Gjohera eine andere Geschichte. Sie hieß „Rotkäppchen“. Ich wusste nicht, ob ich es war, die in neu erweckter Leidenschaft nach solchen Geschichten suchte, oder ob der bloße Zufall diese Geschichten auf meinen Weg streute und mich mitzog in eine noch fremde Zukunft. Rotkäppchens Mutter warnte das blonde, ordentliche und nette Mädchen ständig vor dem Wolf. Das brave Rotkäppchen gehorchte seiner Mutter und ließ diese Warnung nie außer Acht. Eines Tages folgte ihm der böse Wolf, schlich sich an und verschlang es. Doch der Wolf wurde gefangen, und Rotkäppchen gerettet, weil es ein so gehorsames, nettes Mädchen war. Dass Rotkäppchen dem bösen Wolf entkommen konnte, beruhigte mich jedes Mal aufs Neue, wenn ich die Geschichte las. Ich seufzte aus tiefstem Herzen und sagte zu mir selbst:
„Ich danke dir Gott, dass Du Rotkäppchen gerettet hast! Ich danke Dir, Gott! Was wäre, wenn der Wolf es tatsächlich in seinem Bauch behalten hätte!“
Ich bat Gott, den bösen Wolf zu sich zu nehmen.

Rotkäppchens Rettung und Aschenputtels Hochzeit waren zwei glückliche Ereignisse in meinem Leben. Sie ließen ein wenig Vertrauen in mir aufkeimen. Ich hörte auf, nachts ins Bett zu machen. Bevor ich einschlief, stellte ich mir vor, dass ich - wie Rotkäppchen in seinen Wäldern - in unserer Gasse herumhüpfte, ich trug ein rotes Kleid und sang für Rotkäppchen. Ich war beruhigt, dass es nicht sterben würde wie das arme Mädchen mit den weißen Socken, von dem meine Mutter immer erzählt hatte. Mein Rotkäppchen wird schließlich von einem schönen Prinzen auf seinem weißen Pferd entführt, und nicht durch einen Verbrecher in Angst und Schrecken versetzt, wie es in der Geschichte des schwarzen, geölten Einbrechers der Fall war. Seit ich jene Geschichte gehört hatte, sah ich in jedem Mann, der an mir vorbeiging, einen solchen Verbrecher und bekam es mit der Angst zu tun.

Durch die neuen Geschichten wurde die Gefahr jedoch bloß zu einem Wolf, der im Wald herumstrolchte – und der Wald war weit weg, und außerdem kannte ich den Wolf nur von Bildern. Deshalb liebte ich solche Geschichten, deren Gefahren ein herrliches Gefühl in mir auslösten und Adrenalin durch meinen Körper fließen ließen. Eine Gefahr mochte mir ruhig Angst machen, mich verfolgen und mir drohen ... doch schließlich würde mein Vater kommen und den Wolf töten. Dann ginge ich heim, und meine Mutter würde mich auf ihren Schoss nehmen. Ich wäre gerettet. Mit solchen Gedanken im Kopf konnte sich mein Körper immer wieder beruhigen und sich unbeschwert im Bett herumwälzen, so als wäre das alles wirklich wahr.

Diese Geschichten ließen in meiner Fantasie völlig neue Welten entstehen. Ohne sie wäre ich später wohl kaum in der Lage gewesen, von einer Welt zu träumen, die ruhiger und fröhlicher war als unser Haus; von einer angenehmen Welt, in der Mütter nicht schreien und Mädchen nicht geschlagen werden; einer Welt, in der Jungen und Mädchen miteinander spielen können, ohne deswegen von ihren Müttern bestraft oder gar mit Tötung bedroht zu werden. Eine Welt, in der ich einen gut aussehenden jungen Mann lieben kann, ohne dass er mich in mein Hinterteil kneift. Er würde mir vielmehr stets sein Lächeln schenken und mir in treuer Liebe und voller Zärtlichkeit über das Haar streichen.
Solche Vorstellungen brachten mich dazu, viel Zeit mit Tagträumereien zu verbringen. Stundenlang vergnügte ich mich mit Gedankenspielen, schwankte dabei auch ratlos zwischen verschiedenen Möglichkeiten hin und her: sollte ich das kleine Mädchen sein, das sich freut und spielt wie Rotkäppchen in seinem roten Kleid – oder lieber eine hübsche junge Frau wie Aschenputtel, die sich in einen jungen Mann verliebt und mit ihm tanzt?! Ich war ratlos; in welchen Mann sollte ich mich in meinen Tagträumen denn verlieben? In den gut aussehenden Schlagersänger Khaled El-Scheikh, der im Fernsehen auftrat, oder in den syrischen Schauspieler Hatem Ali oder in den gleichaltrigen Bruder meiner Freundin Nawal aus der Nachbarschaft!? Da das Träumen im Wachzustand so einfach war, machte ich es mir darin so richtig bequem: in einer einzigen Szene brachte ich alle von mir geliebten Menschen zusammen. Die älteren von ihnen wurden

in meiner Fantasie zu Geschwistern, solange ich noch klein war und den Bruder meiner Freundin liebte; dieser wurde dann aber zu meinem kleinen Bruder, wenn ich so im Alter von Aschenputtel wäre und Khaled El-Scheikh liebte. Ich schwebte oft in meinen Träumen, egal zu welcher Zeit, mittags, nachts und vor dem Einschlafen in meinem Bett. Ich träumte einfach immerzu.
Meine Mutter wurde eines Tages darauf aufmerksam, als ich gerade auf dem Schoß von Khaled El-Scheikh schaukelte. Ich umarmte ein Kissen und hielt seinen Zipfel zwischen meinen Oberschenkeln fest. Ich bedeckte es mit meinen Händen und spürte, wie heiße Luft von meinem Mund zu meinen Wangen und dann den Hals hinunter strich. Jemand riss mich vom Schoß Khaled El-Scheikhs. Dieser wurde mitgerissen und fiel zu Boden. Sein Bein schnellte hoch und sein Fuß trat mich mitten ins Gesicht. Ich wurde hellwach und merkte, wie meine Mutter mit dem Kissen, das sie zwischen meinen Schenkeln herausgerissen hatte, auf mich einschlug. Von diesem Tag an hörte ich auf, Khaled El-Scheikh im Wohnzimmer zu treffen, wo ich der Beobachtung meiner Mutter ausgesetzt war. Ich traf ihn aber jedes Mal, wenn ich auf dem flachen Dach unseres Hauses schlief, weit weg von der Schlafstelle meiner Mutter. Sie beobachtete mich dauernd, sogar meine Tagträume; sie kannte sie nur allzu gut und bestrafte mich dafür.

All diese Dinge veränderten mich. Ich war nicht mehr das sorglose Mädchen, das so gern spielte. Ich verwandelte mich in ein Mädchen, das feinfühlig, sehr empfindsam, träumerisch, leicht enttäuscht und schnell traurig war. Ich hörte auf zu spielen, stattdessen beobachtete ich alles um mich herum ganz genau. Ich schaute in den Himmel und sah in den Wolken den Wagen von Aschenputtel und die Pferde, die ihn zogen. Ich sah den Wolf und die Bäume in den Wäldern. Ich sah das lange Haar des Prinzen, das ihm auf die Schultern fiel. Ich begann, das Radio einzuschalten und den schönen Liedern zu lauschen, die mich an meine Liebe zu El-Scheikh und Abdul-Mageed Abdulla erinnerten.

In meinem Herzen wuchsen Bedürfnisse, die ich vorher weder gekannt noch verspürt hatte. Die Geschichten hatten ihre Samen in meine Brust gesät. Mein heftiges Verlangen bewässerte sie wie ein Sprühregen, der große Bäume daraus emporwachsen ließ. Sie nahmen ein derartiges Ausmaß ein, dass es mir fast das Herz zerriss, wenn sie sich als Fata Morgana entpuppten, sobald ich mich ihnen nur näherte. Heftig keuchend lief ich auf sie zu. Baumhoch wuchsen meine Bedürfnisse, die mit ihren dornigen Kronen auf dem Ozean meines Herzens umherirrten und mich quälten. Vor allem mein Bedürfnis nach einer Mutter, die mich in die Arme schließt, wenn ich müde aus der Schule komme – als käme ich erschöpft und verängstigt aus dem Wald, weil mich der Wolf verfolgt hat. Ich brauchte sie, damit sie mir über das Haar strich und mir kaltes Wasser zum Trinken reichte. Sie sollte mir in Gottes Namen meine Angst vertreiben, damit sich mein unruhiges Herz wieder beruhigen könnte. Genauso wie meine Mutter es mit meinem Bruder Fahd machte, wenn er krank war. Aber meine Mutter schlug mich, sobald ich das Haus betrat, meistens weil ich mich verspätet hatte. Auf dem Heimweg von der Schule wurde meine Aufmerksamkeit oft davon abgelenkt, was sich gerade auf der Straße abspielte. Da waren Jungen, die mit bunten Karten spielten, miteinander um die Wette liefen oder sich gegenseitig mit dem Schaum aus Pepsi-Flaschen bespritzten. Es waren lustige Szenen. Mit der Zeit erfand ich einen Ausgleich für mich, den ich gerecht fand und den ich mir zum Motto machte, solange ich draußen in der Gasse spielte: meine Spielzeit sollte der Menge der Schläge entsprechen, die ich von meiner Mutter bekommen würde. Es machte mich traurig, wenn die anderen Mädchen schon früh nachhause gingen. Ich empfand dann die Anzahl der Schläge für eine so kurze und früh beendete Spielstunde als ungerecht. Also lief ich dann manchmal ziellos und gedankenlos herum und suchte nach weiteren Vergnügungen, um einen Ausgleich herzustellen.

In der Regel machte es den Müttern in unserer Gasse nichts aus, wenn die Jungen nicht zuhause waren. Sie drängten sie auch nicht, früh heim zu kommen. So entstanden meine Kontakte zu den Jungen, und ich wurde ihnen zur Freundin. Ich fand eben nur die Jungen vor, die viel mehr Zeit zum Spielen hatten als ich, sie mussten dafür allerdings keinen so hohen Preis zahlen wie ich. Ich spielte wie sie mit bunten Karten, auf denen Fotos von Schauspielern und Sängern abgebildet waren, die wir damals kaum kannten, wie Elvis Presley und Clint Eastwood aus dem Wilden Westen. Ich

sprang mit den Jungen über Autoreifen, und jedes Mal, wenn ich von einem Reifen zum anderen sprang, gab mein Kleid den Blick auf meine Beine frei. Oft saß ich hinter einem von ihnen auf dem Fahrrad. Als meine Mutter mich einmal dabei ertappte, hätte sie mich beinahe umgebracht. Sie musste mich natürlich sofort bei meinem Vater verpetzen:
„Einfach schamlos, wie sie hinter Saidan auf dem Fahrrad sitzt und sich an ihn klammert!"
Mein Vater ging gar nicht darauf ein und zeigte nicht das geringste Interesse. Sie schrie ihn an, um ihn wach zu rütteln und sein Herz zu erschrecken. Sie machte das geradezu wie jene Oberägypterin, die in einer nächtlichen Fernsehfolge ihren Mann immer wieder hysterisch anschrie: „Deine Tochter ist schwanger, Hariedi!"
- bis er schließlich seine Tochter umbrachte.
Meine Mutter schüttelte meinen Vater, um ihn aus seiner Gleichgültigkeit zu reißen:
„Deine Tochter spielt mit den Jungen, Osman!"
Mein Vater betrachtete das Ganze als harmloses Kinderspiel. Doch meine Mutter zog mich an den Haaren, bis sie ein ganzes Büschel davon in ihrer Hand hielt. Nachdem sie fünf blaue Flecken in meine Schenkel gekniffen hatte, drohte sie mir:
„Wenn ich dich noch einmal mit den Jungen erwische, bringe ich dich um."

Hätte meine Mutter erfahren, wie mich Erwachsene damals sexuell belästigten, hätte sie mich wahrscheinlich wirklich umgebracht. Durch mein Herumrennen in der Sonne, auf der Flucht vor blauen Flecken auf den Oberschenkeln und auf der Suche nach einem Vergnügen, das dem Maß meiner Schmerzen entsprach, war ich draußen manchmal ganz allein. Manche Männer sahen mich so allein und nutzten das aus, indem sie ihr Glied an meinen jungen Körper drückten oder ihre Hände unter meinen Schlüpfer wandern ließen. Sie gaben mir dafür Süßigkeiten oder eine Münze, die für den Kauf von Schokolade reichte.

Je älter ich wurde, desto größer wurde mein Hass auf Schokolade – ohne dass ich jedoch die Männer hassen konnte, die sich an mich herangemacht hatten. Einer von ihnen war sogar ein Verwandter von mir – und ich hatte immer gedacht, dass erwachsene Verwandte ihren kleinen Verwandten nicht wehtun würden!

Nachdem ich nun so viele Geschichten gelesen hatte, wurde ich ein ziemlich romantisches Mädchen, das sogar in der Schule zu Ehren seiner Mutter sang.

In meiner Fantasie sah ich meine Mutter als lächelnde und schön gekleidete junge Frau, die einen BH, einen Rock und hübsche Sandalen trug wie meine Lehrerin Fatima. Wir Kinder dachten damals, dass unsere Lehrerin Fatima von weither, von einer verzauberten Insel gekommen sei. Sie hatte eine helle Haut. Ihr Gesicht war leicht geschminkt, die Augenlider ein wenig schwarz gefärbt und ihre Wangen mit etwas Rouge gefärbt. Sie trug Schuhe mit Absätzen.

Ich stellte mir vor, meine Mutter wäre so wie sie und sang:

„Mutter, meine Mutter, wie schön du doch bist!"

Meine Gefühle vermengten sich im ständigen Hin

und Her zwischen meiner Lehrerin Fatima und meiner Mutter Heele!
In meiner Fantasie ließ ich meine Mutter die Kleider meiner Lehrerin Fatima tragen. Die Gesichtszüge der beiden verschwammen miteinander, so dass ich nicht mehr wusste, wer Fatima und wer Heele war. Ich liebte beide. Bald sollte ich jedoch erfahren, dass beide gleichermaßen hart und streng waren.
Meine Lehrerin Fatima gab mir eines Tages eine Ohrfeige und ließ mich eine Stunde lang auf einem Fuß an der Wand stehen, weil ich das Einmaleins für die Zahl 6 nicht auswendig gelernt hatte. Jetzt wusste ich mit Sicherheit, dass Fatima und Heele einander glichen, nicht nur in meiner Fantasie.
Auf dem Heimweg von der Schule sang ich unablässig das Lied „Mutter, wie schön du doch bist“. Ich wollte ihr das Lied, das wir in der Schule gelernt hatten, unbedingt vorsingen. Ich warf meine Schultasche in den Flur und lief zu meiner Mutter, die vor dem Herd stand und das Mittagessen kochte. Sie schob die Zwiebeln im heißen Öl mit dem Löffel hin und her, während mein kleiner Bruder Ibrahim vor ihren Füßen saß und weinte. Sie stieß ihn mit dem Fuß an und schalt ihn:
„Geh weg, weg vom Feuer... möge Gott dich zu sich nehmen!“
„Warum weint er?“
Ich stellte meiner Mutter diese Frage in einer Weise, als wollte ich meinen Bruder Ibrahim tadeln, denn sein Weinen passte mir ja nun überhaupt nicht. Er würde mir mit seinem Weinen meinen zauberhaften Moment verderben! Meine Mutter fuhr mich stattdessen nur an:

„Er ist hungrig und ich habe keine Zeit ihn zu stillen. Nimm ihn weg von mir!"
„Mutter, ich habe ein Lied für dich!"
„Was?! Du singst?! Du freches Ding! Nimm deinen Bruder von hier weg!"
„Nein, ich meine doch ein Lied! Wir haben es in der Schule gelernt, im Fach ‚auswendig lernen'!"
„Nimm deinen Bruder hier weg ... ein Lied auswendig gelernt!! ... das verhüte Gott!"
Ich hasste meinen Bruder Ibrahim. Er verdarb mir das Lied und meiner Mutter die Laune; obgleich ihre Laune eigentlich immer schlecht war. Ich nahm schließlich meinen Bruder Ibrahim auf den Arm, während er noch weinte, ich legte seine Beinchen um meine Taille und schaukelte ihn ein bisschen, aber er wurde nicht still, so sehr ich auch flehte:
„Sei still, sei doch still! Mutter, hör mir doch zu!"
Ohne ihre Antwort abzuwarten, begann ich für sie zu singen:
„Oh Mutter, oh Mutter, wie schön du doch bist, stets bist du in meinem Herzen, wie wertvoll du mir bist!"
„Wäähh ... wäähh!"
Ibrahim weinte noch immer. Ich schaukelte ihn noch zweimal auf meiner Hüfte hin und her, um ihn zu beruhigen:
„Ruhig, pscht ... pscht ..., ruhig."
Ibrahim war seit seiner Geburt verdrießlich und böse. Er verdarb mir alle Lieder meines Lebens:
„Ruhig, Ibrahim, ruhig ... Du bist in meinem Herzen, für immer und ewig, nie werde ich dich vergessen...
Das Lied war zu Ende, aber nichts lief so, wie ich es mir vorgestellt hatte. Ibrahim schrie immer noch, und die passende Gelegenheit für diesen besonde-

ren, gefühlvollen Moment, auf den ich mich so sehr vorbereitet hatte, kam nicht zustande. Ich dachte, meine Mutter würde mich umarmen, sobald ich das Lied beendet hätte. Aber wie könnte sie mich mit Gefühlen überschütten und mich umarmen, wenn ich doch Ibrahim auf meinem Arm habe? Sollte ich ihn kurz absetzen? Oder sollte ich ihn auf meiner Hüfte sitzen lassen und abwarten, was meine Mutter machen würde? Sie wird schon so handeln, wie sie es für richtig hält. Sie ist schließlich viel älter als ich und weiß, was sie tun muss. Meine Mutter zog den großen Löffel aus dem tiefen Topf, hielt ihn mir vor das Gesicht und drohte mir: „Verschwinde bloß, bevor ich dir den Löffel über den Kopf ziehe!"
Ich war weg, noch bevor sie ihren Satz zu Ende gesprochen hatte.

Mein Gehirn lernte, dass Verleugnung eine gute Strategie ist, um mich vor Schmerz zu schützen; schließlich war ich überempfindlich geworden. Ab jetzt wird es alles verleugnen, was es nicht romantisch findet, und wird mir das Gegenteil beweisen. Mein Gehirn versicherte mir in jenem Moment, dass meine Mutter eigentlich nicht auf mich oder auf mein Lied wütend war, sondern auf Ibrahim, den ewig blöden Bruder, als sie mich anschrie: „Mach, dass du verschwindest! … Möge Gott dich doch zu sich nehmen! Kannst du nicht sehen, wie mir dein Bruder mit seinem Geschrei auf die Nerven geht!"

3

Abends saßen wir in vor unserer Haustür und spielten mit den Kindern meiner Verwandten, die bei uns auf Besuch waren und bis spät abends blieben. Meine Mutter schnitt eine rote Wassermelone für ihre Gäste auf, und der frische Duft erfüllte das ganze Haus. Dann zündete sie Weihrauch an und ging zu den Gästen, um sie vor dem Nachhausegehen damit zu beräuchern. Solche Düfte sind in meiner Erinnerung bis zum heutigen Tag mit Gästen, Freude und Freiheit ohne Strafe verbunden. Meine Mutter beachtete uns nämlich bei diesen Anlässen nicht weiter, weil sie ausschließlich mit den Gästen beschäftigt war. Es war also kein Geschrei im Haus zu hören, und wir Kinder waren frei, bis die Gäste gingen.

Unter der Lampe an der Haustür legte meine Verwandte Nura ihre Hände über ihre Augen und zählte bis zehn. Ich rannte mit meiner Schwester Maschael hinter dem Auto des Nachbarn von gegenüber her. Und dann versteckten wir uns. Mein heißer Atem wurde immer schneller. Ganz ins Spiel vertieft und aus Angst, Nura könnte mich finden, schloss ich meine Augen. Da kam die Hand eines Riesen hinter dem Autoreifen her, wühlte sich an meine Brust heran und nahm mir den Atem. Etwas in meiner Brust zerbrach – es war wie Weinen, ohne zu wissen, warum. Kopflos rannte ich nachhause und hörte, wie Nura schrie:

„Verlässt du das Spiel, so bist du verbannt!"

Ich lief zur Tür des Gästezimmers, wo die Gäste meiner Mutter sich unterhielten und lachten. Ich sah die Tür der Vorratskammer offen stehen, von vorne beleuchtet durch das Licht im Flur. Ich wollte mein Gesicht vor den Gästen verstecken; niemand sollte mich sehen, so als wäre ich mit Urin besudelt. Die Wand meiner Brust schien zertrümmert, salziges Wasser nässte meine Augen und heftiges Weinen kam über mich. Ich fand einen zufällig an der Tür stehenden Reissack, der halb so hoch war wie ich. Ich legte mein Gesicht darauf, umarmte den Sack und weinte los.

Nach kurzem Weinen öffnete sich meine Brust wieder, mein Atem breitete sich aus und fühlte sich wieder rein an. Ich wurde etwas ruhiger. Seit jenem Tag – immer wenn der Riese wieder seine Hand ausstreckte und meinen Atem festhielt – rannte ich schnell zu dem Reissack, der stets seine Arme für mich ausbreitete, sobald er mich sah, und mich wie der Schoß einer lieben Mutter aufnahm. Ich weinte mich bei ihm aus; dann eilte ich zurück, um vom Spielen nichts zu verpassen.

Der Riese verfolgte mich noch lange, vor allem nach jenem Abend, an dem unser Nachbar, der Junggeselle Mohammed, mich zu sich rief und in sein Zimmer mitnahm. Er schloss die Tür ab. Er ließ mich nicht frei – erst nachdem ich fürchterlich lange geweint hatte. Nachts wurde ich wach mit dem Gefühl, ich sei erwürgt worden. Ich weinte, und meine Mutter, die gerade betete, hörte mich und wollte wissen, warum:
„Was hast du?“
„Ein ganz langer Riese. Ich sehe nur seine riesigen Füße. Er kniet auf meiner Brust und erdrosselt mich.“
„Bloß ein Nachtgespenst. Wahrscheinlich bist du eingeschlafen, ohne vorher Gottes Namen zu sagen.

Sprich den Namen Gottes aus und sag alle Gebete mit „Gott behüte … “ und „Gott bewahre … “ auf und dann schlaf.“
Ich wiederholte Gottes Namen und sprach alle Segen- und Schutzgebete. Es half mir nicht. Das Nachtgespenst würgte mich wieder, es besuchte mich sogar häufiger und früher als zu Anfang. Es war schon da, wenn die Sonne ihr orangefarbenes Kleid von der Schwelle unseres Hauses wegzog und es um den Hals des Himmels wand, bevor sie uns ganz den Rücken zeigte und verschwand. Der Riese kam in seinem schwarzen Nachtgewand und breitete es über unsere ganze Gasse aus. So konnte ihn kein Mensch sehen. Nun könnte er mich erdrosseln und zum Verstummen bringen, und keiner hätte mich gehört. Von da an machte ich immer das Licht an, wenn ich schlafen wollte.

Mein kleiner Busen wuchs, also durfte ich nicht mehr in der Gasse spielen. Ich saß oft allein in unserem kleinen Garten, während meine Brüder in der Gasse herumtobten. Damals freute ich mich über die Tatsache, dass ich älter wurde, das Spielen interessierte mich nicht mehr... Ich kaufte meinem Cousin einen kleinen Kassettenrecorder ab. Er verkaufte ihn mir mit einem Gewinn von zehn Rial. Ich wusste natürlich, dass es sinnlos wäre, meine Mutter zu bitten, mir ein solches Gerät zu kaufen. Ich habe mit das Geld dafür aus dem Gewand meines Vaters gestohlen, das im Flur hing, wenn er sich vor dem Nachmittagsgebet wusch. Mich interessierte damals nur eines, ich wollte einen Kassettenrecorder nur für mich allen, wollte ihn über meine

Schulter hängen und damit durch das Haus ziehen. Ich wollte die berühmten Sänger Abdul-Halim Hafiz, Umm Kalthum und Warda el Djasaaria hören und in ihren Liedern die Liebesgefühle bei der Suche nach einem verlorenen Geliebten nachempfinden, den ich selbst gern gefunden hätte.
Ich entdeckte irgendwann, dass es eine einfache und sichere Sache war, alle meine Gefühle aufzuschreiben. Das Schreiben bahnte mir den Weg in eine gemeinsame Welt mit vielen Menschen, die ich mir selbst aussuchen konnte, die mich liebten und die ich liebte. Mit dem Schreiben schaffte ich mir meine ganz eigene, kühle Höhle, die niemand außer mir betreten konnte. Niemand konnte meine Höhle durchsuchen oder mit ihren Geheimnissen Unfug treiben. Sie war durch geheime Chiffren gesichert, die niemand außer mir lösen konnte. Meine Eltern konnten nämlich nicht richtig lesen. Zum ersten Mal hatte ich ein anderes Versteck für mich gefunden als die Hinterhöfe der Gasse, die voller widerlicher Männer waren – es war auch viel besser als die Tagträume, deren Gesichter sich ständig wiederholten und mich allmählich langweilten. Ich überwarf mich mit dem Sänger Khaled El-Scheikh, der zum Studium ins Ausland ging und somit auch mich verließ. Mein Bedürfnis zu weinen war mein Motiv, ihn wegzuschicken – so hatte ich wenigstens einen Grund zum Weinen. Ich holte ihn nicht mehr zurück, denn das Weinen half mir mehr, als er mir hatte helfen können.

4

Meine Mutter konnte nicht richtig lesen. Sie war zwar in der Lage, die Buchstaben auseinander zu halten und einige einfache Sätze zu verstehen wie: ‚Omar ging zum Bäcker', konnte aber keine komplexen Sätze lesen und verstehen wie z.B.: ‚Du bist in meiner Brust wie eine Glut, die vom Gesang erweckt wird'. Oder: ... eine Rose, die ich jede Nacht mit dem Wasser deiner Liebe bewässere'. Sie war jedoch gescheit genug, um mir Probleme zu machen. Eines Tages fand sie bei einer ihrer Durchsuchungsaktionen in meiner Schultasche ein Stück Papier, auf dem der Name Ghasi el Khassebi – „Wohnung der Freiheit" - stand. Sie kam auf mich zu, stemmte ihre Hände in die Taille und schaukelte sie siegessicher hin und her, als hätte sie mich gerade bei einem Vergehen ertappt und es offen gelegt.

„Gott deckt deine Heimlichkeiten auf! Wer ist dieser Ghasi, du Schamlose? Und wo liegt diese Wohnung?! Du verabredest dich wohl mit irgendwelchen Männern in irgendeiner Wohnung?"

Ich zitterte. Mein Herz schlug wie ein Presslufthammer, dessen Wucht es beinahe auseinander riss. Und das, obwohl ich mich niemals mit irgendeinem Mann in irgendeiner Wohnung verabredet hatte. Sie hielt mir das Papier vor das Gesicht, damit ich es lesen und den Namen sehen sollte, den sie meinte. Ich erklärte ihr:

„Ghasi al Khassebi ist der Autor eines Romans, und ‚Die Wohnung der Freiheit' ist der Titel seines Buches!"

„Ha! Und du lügst immer noch!"

„Bei Gott, ich schwöre dir, ich lüge nicht! Du

kannst fragen, wen du willst, und er wird dir das bestätigen."
„Du wagst auch noch bei Gott zu schwören! ... Gott hat doch deine Schande aufgedeckt, du freches Luder!"
Sie ließ nicht nach, an meiner Erklärung zu zweifeln. Mein Gesicht zeigte aber keinerlei Nervosität, wie das sonst der Fall war, wenn ich mich in einer unangenehmen Lage befand. Ich widersprach ihr und dementierte alles. Ich biss mir auch nicht auf die Lippen wie sonst. Mein Hals wurde nicht trokken, und meine Sätze wurden auch nicht durch schnelles Atmen abgehackt. Dieses Verhalten half mir weit mehr als mein Schwur, und der Zweifel meiner Mutter ließ schließlich nach. Dennoch nahm sie das Papier und ging damit zum Zimmer meines Bruders Fahd. Sie kam allerdings nicht in mein Zimmer zurück, um mir wie gewöhnlich zu predigen, dass es jetzt endgültig aus sei mit mir und dass Gott mich wieder einmal bloßgestellt hätte. Meine Mutter sprach bei solchen Anlässen stets im Namen Gottes. Wenn Sie mich bei irgendeinem auch noch so kleinen „Vergehen" ertappte, versicherte sie mir stets, dass eigentlich nicht sie es war, sondern Gott, der mich erwischt hätte, wobei sie dann verkündete:
„Gott deckt deine Schandtaten auf."
Dann rezitierte sie einen ehrwürdigen Hadith in der Umgangssprache: „Als Gottes Gesandter – Gott segne ihn und schenke ihm Heil – gefragt wurde: ‚Was bleibt im Verborgenen, Gesandter Gottes?' sagte er: ‚Nur das, was nicht vorhanden ist'". Lange Zeit verfolgte mich dieser Gott, wie meine Mutter

ihn vor mir ausmalte. Er erschütterte meine innere Ruhe und jagte mir regelmäßig Angst und Schrekken ein. Jedes Mal, wenn ich einen großartigen, schönen Moment erlebte, stellte ich mir vor, dass dieser Gott, der ebenso streng war wie meine Mutter, ihr alles erzählen und sie zu mir schicken würde, um mir meine Freude zu verderben, selbst dann noch, wenn uns Tausende von Kilometern voneinander trennten.

Während ich betete und den Koran zitierte, versuchte ich mir Gott vorzustellen, um mein Herz zu beruhigen. Doch dann tauchte das Gesicht meiner Mutter vor mir auf mit ihren von Salbe verschmierten Augen, die aufgrund ihrer chronischen Augenentzündungen stets gerötet und halb geschlossen waren. Und schon überfiel mich die pure Angst. Lange Zeit verfolgte mich dieses Bild von Gott, das dem meiner Mutter mit all ihrer Härte so ähnlich war.

Nach der Sache mit der „Wohnung der Freiheit" hatte meine Mutter offensichtlich das Gefühl einer erheblichen Niederlage. Als sie mit dem unerwarteten Ergebnis ihrer Durchsuchung fertig war, blieb – ganz anders als sonst – ihr lautstarker Triumph aus, der immer mit dem Satz endete: „Gott deckt deine Schandtaten auf!". Dieser Vorfall zeigte ihr deutlich, dass sie kaum lesen konnte und wohl doch nicht so gescheit war, wie sie immer dachte. Daher entschied sie sich ein paar Tage später, die Schule für Analphabeten zu besuchen.

Am nächsten Tag, als meine Mutter zur Zeit des Abendgebets nachhause kam, trug sie Bücher, Hefte und einen Bleistift bei sich. Mein Vater, der

eine gewisse Fröhlichkeit an ihr bemerkte und sich für sie freute, fragte sie erstaunt:
„Oh, bei Gott, wo warst du denn? In der Stadt einkaufen?"
Stolz wie eine kleine, eifrige Schülerin antwortete sie:
„Nein, ... in der Schule!"
Damit wurde uns Mädchen neben den Arbeiten im Haushalt eine weitere Aufgabe zuteil. Von nun an mussten wir ihr täglich bei ihren Schulaufgaben helfen. Sie war glücklich, uns jeden Tag stolz zeigen zu können, dass auch sie etwas lernte.
Sie hatte sich also an einer Abendschule für Analphabeten eingeschrieben. Ich wusste nicht, warum sie sich zu diesem Schritt entschlossen hatte. War es aus Scham, weil sie keine Schulbildung hatte? Oder weil sie sich erhoffte, uns Mädchen dann noch besser ausspionieren zu können und hinter unsere Geheimnisse zu kommen?

5

Mein Vater war ein gutmütiger Mann. Er liebte seine Mädchen und war sehr fürsorglich zu ihnen. Meinen Bruder Ibrahim forderte er immer wieder auf, uns Mädchen Stütze und Rückhalt zu geben.
„Die Frauen, mein Sohn, sind schwach. Der Mann ist ihre Stütze. Deine Schwestern sind dir so nah wie das Haar in deinem Gesicht und sie stehen unter deinem Schutz!"
Meine Mutter hingegen war davon überzeugt, dass nur Ehe oder Tod die Ehre der Mädchen schützen würden.
Als ich feststellte, dass ich schwanger war, freute sich Manssur sehr. Aber weil ich den Schwangerschaftstest zuhause gemacht hatte, wollte er ihn unbedingt noch am gleichen Abend vom Arzt bestätigt wissen. Nachdem wir zwei Stunden in der Praxis gewartet hatten, bestätigte die Blutuntersuchung, dass ich tatsächlich schwanger war. Manssur bestürmte sofort die Ärztin, die uns diese freudige Nachricht verkündet hatte, und wollte wissen:
„Kann man durch die Blutuntersuchung auch das Geschlecht des Embryos feststellen?"
Die Ärztin antwortete ihm in ihrem ägyptischen Dialekt:
„Es ist noch zu früh, mein Lieber. Das Geschlecht lässt sich erst im vierten oder fünften Schwangerschaftsmonat erkennen. Ich weiß, wie sehr ihr Männer auf Jungen aus seid. Gott schenke dir einen Sohn; jedem Vater tut ein Junge gut. Aber bitte Gott nur auch gleich darum, dass er deine Frau alles gut überstehen lässt."
„Amen."

Das Ergebnis nach dem vierten Schwangerschaftsmonat entsprach gar nicht seinem Wunsch. Die Ärztin bewegte das Ultraschallgerät über meinem Bauch hin und her und sie fühlte sich irritiert, als Manssurs Gesichtsausdruck immer mürrischer wurde. Schließlich meinte sie:
„Es scheint, das ist ein Mädchen. Dieser kleine Lümmel ist ein Mädchen. Ah, wie hübsch sie aussieht, die Kleine, süß wie Honig."
„Bitte, Frau Doktor, vergewissern Sie sich!"
Seine Bitte klang eindringlich, und seine Ungeduld war deutlich. Die Ärztin schaute mir ins Gesicht. Ich war enttäuscht – nicht wegen des Geschlechts, sondern weil mich die Reaktion von Manssur so sehr verletzte. Er versuchte nicht einmal, seine Gefühle vor der Ärztin zu beherrschen.
„Sie müssen wissen, Herr Manssur, manchmal halten wir beim Ultraschall das Kind für ein Mädchen und müssen dann bei der Geburt dann doch feststellen, dass es ein Junge ist!"
Manssurs Gesicht strahlte, als habe man ihm tatsächlich die Geburt eines Jungen verkündet und als hielte er ihn bereits auf den Armen.
„Wirklich!?"
„Warum denn nicht, ich hatte manche solcher Fälle. Bete nur zu Gott, dass er dir einen Jungen schenkt. Alles ist in Gottes Hand, er besitzt die Kraft, und er ist gnädig."
Die Ärztin wollte schnell verschwinden, um der angespannten Situation zu entkommen. Während sie den Röntgenraum verließ und zu ihrem Büro ging, redete sie noch auf Manssur ein und versuchte, auf seinen starken Wunsch nach einem Jungen so zu

reagieren, als müsse sie ein Kind mit List dazu bringen, früh ins Bett zu gehen, indem sie ihm die tollsten Dinge für den nächsten Morgen verspricht.
Manssur träumte weiterhin von einem Jungen.
„Ich werde ihm den Namen meines Vaters geben, Saad."
„Aber wahrscheinlich ist es ein Mädchen!"
„Ich sage dir, es ist ein Junge, und sein Name ist Saad, hörst du? Ich möchte nicht mehr darüber reden!"
Meine Mutter wandte sich an Manssur, mehr aus Mitleid mit ihm, und nicht etwa, weil sie Mädchen wirklich mochte:
„Danke Gott für alles, Manssur, Mädchen sind eine Gnade!"
Nach der Geburt schaute Manssur mein Mädchen nur von weitem an und sagte:
„Gott sei Dank jedenfalls."
Dann verließ er mein Zimmer.
Abends rief er mich aus Bahrain an. Er sagte, er werde das Wochenende dort mit seinen Freunden verbringen, er brauche ein wenig Abwechslung. Ich sah ihn aber erst nach einer ganzen Woche wieder. Scheinbar ohne Grund fing ich an zu weinen. Ich dachte an den Tunnel des Höllenfeuers, den ich während der Geburt durchlaufen hatte. Ich rannte darin vorwärts, während Schmerzen wie Peitschenhiebe meinen Rücken verbrannten … ich rannte, ich sah die offenen Flügel einer Tür hin und her pendeln. Sie öffneten sich und schlossen sich wieder. Ich beschwichtigte mich mit den Worten, bald ist alles überstanden. Ich öffnete die beiden Flügel und lief hindurch. Hinter mir krachten die Flügel

mit einem höllischen Lärm zusammen, und die Tür schloss sich wieder. Ich befand mich erneut im Dunkeln und im Tunnel der Schmerzen … und rannte von neuem los, als ich die nächste Tür erblickte. Ich sagte mir, halte nur durch, nur Geduld, vielleicht ist das dort die letzte Tür!

Aber nie erreichte eine letzte Tür, bis ich endlich erschrocken aufwachte. Im Dunkeln hörte ich die vertraute Stimme von Ammusche – nicht die meiner Mutter – die mich besorgt fragte:

„Im Namen Gottes, des Gnädigen, des Barmherzigen! Was hast du?“

„Ich hatte einen Alptraum, Tante Ammusche.“

Ich träumte, ich läge auf dem Rücken, meine Tochter auf meiner Brust, und wäre eingeschlafen. Ich wache auf – im Traum – und suche meine Tochter. Oh Schreck, ich finde sie nicht in ihrem Bettchen! Dann entdecke ich sie in meinem Bett – ich liege auf ihr und habe sie erstickt! Ich strecke meine Hand aus und berühre ihre Hand. Sie ist eiskalt. Ich fühle die Kälte ihrer Hand so deutlich, als wäre alles Wirklichkeit. Die Angst zerreißt mir das Herz. Ich schüttele sie. Ihr Körper ist kalt und leblos wie Gummi. Ein kleiner Teil von ihr ist warm geblieben und gibt mir die Hoffnung, dass sie noch lebt. Verzweifelt schüttele ich sie erneut und rufe sie mit einem fremden Namen an, nicht mit ihrem eigenen. Ich rufe: Hayaht … Hayaht!! Das bedeutet: Leben. Entsetzt wachte ich dann wirklich auf. Ammusche gab mir ein wenig gelbliches Wasser aus dem Gefäß mit dem eingelegten Safran zu trinken. In dieser Flüssigkeit löste sich gerade ein Stück Papier auf, auf dem Koranverse standen, mit gelbem Safran ge-

schrieben. Ihm entströmte ein beruhigender Duft. Ammusche forderte mich auf:
„Sprich die Verse und Gebete für Gottes Schutz, meine Tochter. Bete zu Gott, bitte um Schutz vor dem Satan. Alle Frauen im Wochenbett werden von Alpträumen geplagt, vor allem von Träumen, in denen es um ihre Säuglinge geht."
Ich fragte mich, als ich mich noch einmal in die Analyse meines Traumes vertiefte, warum meine Tochter im Traum wohl Hayaht hieß. Hat dieser Traum etwas mit meiner kleinen Tochter zu tun oder vielmehr mit meinem eigenen Leben, das mit Manssur immer kälter wurde und allmählich abzusterben begann? Und dieser kleine, warme Teil im Körper meiner Tochter – sollte er trotz ihres geträumten Todes vielleicht ein Hoffnungsschimmer sein, könnte von ihm noch Lebenswärme ausstrahlen? Diese Deutung war für mich gar nicht so weit entfernt von der Realität. Aber was ich bis zu diesem Moment nicht wusste, war, welcher kleine Teil meines Lebens noch pulsierte und mir ein Hoffnungssignal zu geben vermochte. Ist dieses kleine Kind die einzige, mir verbliebene Hoffnung? Ich schaute das Mädchen an, dessen Vater noch immer nicht erschienen war, um ihm einen Namen zu geben. Der Name interessierte ihn anscheinend gar nicht; schließlich war das Neugeborene ja auch kein Junge. Sollte ich sie vielleicht Amal nennen, was soviel wie „Hoffnung" heißt?
Ich empfand das Kind als Belastung. Jedes Mal, wenn ich es ansah, weinte mein Herz. Warum ist dieses Kind überhaupt auf die Welt gekommen – nur um mein Leben unglücklich zu machen? Alles

tat mir weh; die genähte Wunde zwischen meinen Schenkeln, meine mit Milch gefüllten Brüste und dazu das kleine Mädchen, das nachts ständig schrie, dauernd in die Windeln machte und tagsüber schlief. Das Gesicht meiner Mutter, die den göttlichen Willen geduldig hinnahm, sagte: Auch Mädchen sind eine Gabe Gottes.
Manssur floh nach Bahrain, um sich von seinem Schock zu erholen. Er rief mich an, wenn er alkoholisiert war. Er weinte und sagte: „Wie geht's der Kleinen?" Und wenn er ihr Schreien hörte, sagte er mit lallender, trunkener Stimme:
„Verfluchte Schlampen ... was wäre, wenn es ein Junge wäre! Dann hätte ich euch mehr geliebt, euch mitgenommen, und dann wärst du jetzt an meiner Seite."
Manssur war nach Bahrain gefahren, um seine Enttäuschung im Alkohol zu ertränken, weil sein Erstgeborenes kein Junge war. Als er wieder daheim war, achtete er nicht auf die Spuren auf seiner Kleidung, die sein Aufenthalt in Bahrain hinterlassen hatte. Sie verbreiteten den Geruch aller möglichen Lüste. Er meinte, sich einfach alles erlauben zu können, weil Gott seinen Traum nicht erfüllt hatte, stolzer Vater eines Sohnes zu sein und Abu Saad genannt zu werden.

Ammusche saß neben mir und gab mir die üblichen Heilmittel, die man Wöchnerinnen verabreichte. Das waren Schwarzkümmel, das Wasser der eingelegten Myrrhe zur Säuberung der Wunde, Tee von Trigonella Fearum graecum, um die Milch reichlicher fließen zu lassen, und Nelken gegen Blähungen. Aber wichtiger für mich waren die Geschichten, die sie mir erzählte – sie waren für mich Seelenmedizin. Sie schaute in die Augen meiner Tochter und sagte:

„Sei nicht traurig, meine Liebe. Wer ein so süßes Kind bekommen hat, schön wie der strahlende Mond, hat doch keinen Grund zum Traurigsein."

Sie nahm das Kind auf den Arm, hob es hoch und spielte mit ihm, als sei es eine Puppe. Sie brachte das Kind zum Lachen, indem sie mit ihrem Finger seine Lippen berührte und es streichelte. Sie fügte hinzu:

„Dieses Mädchen wird einmal auf dich aufpassen, wenn du alt und eine Greisin sein wirst wie ich. Es wird Freude in euer Haus bringen. Es wird seinem Vater den Kaffee eingießen, es wird das Lieblingskind unter seinen Kindern sein!"

„Es sieht ganz und gar nicht danach aus, Ammusche! Der Mann hat sich von Anfang an auf und davon gemacht!"

„So reagiert man nur am Anfang, noch unter dem Eindruck des Geschehens, meine Tochter. Ich werde dich später daran erinnern. Es heißt: die Freude über einen Jungen ist groß, wenn er angekündigt oder geboren wird; aber am Ende bleibt das Mädchen das gesegnete Kind. Wie May zum Beispiel. Sie war für ihren Vater besser und treuer als alle ihre Brüder!"

„Was ist das für eine Geschichte mit dieser May?"

„May war die Tochter eines schwachen und blinden Mannes. Viele junge Männer suchten ihre Zuneigung und wollten sie heiraten, aber sie lehnte alle ab. Als Grund gab sie immer an, dass ihr alter und

blinder Vater sie brauche und sie befürchtete, dass ein künftiger Ehemann ihr die Fürsorge für ihren Vater verwehren würde.
Eines Tages kam einer der besten Männer und hielt um ihre Hand an. Der Vater konnte ihn nicht ablehnen und überredete sie, ihn zu heiraten. ‚Ich möchte, dass du Kinder bekommst. Deine eigenen Kinder sind es, die sich eines Tages um dein Wohl kümmern werden, May. Ich bleibe ja nicht immer bei dir!'

May heiratete und gebar sowohl Mädchen als auch Jungen. Eines Tages entschloss sich der Stamm, auf der Suche nach einer neuen Weide weiter zu ziehen, da der alte Weidegrund austrocknete und die Pflanzen eingingen. Da Mays Vater ein schwacher Greis war und nicht mehr mitwandern konnte, entschied der Stamm, ihn mit ausreichend Nahrung allein zurückzulassen. Widerwillig zog May mit dem Stamm weiter und ließ ihren Vater zurück. Nach einem halben Tag mühsamen Wanderns machte die Karawane Halt, um sich auszuruhen und zu stärken. Es wurde Feuer gemacht, man unterhielt sich fröhlich und natürlich trank man dabei Kaffee, auf den alle so lange verzichtet hatten – einen halben Tag lang! Mays Ehemann bat seine Frau, ihm seinen Säugling zu geben, um ein wenig mit ihm zu spielen. May erwiderte ihm ruhig:
„Ich habe deinen Sohn in meines Vaters Obhut gelassen!"
Erschrocken erhob sich ihr Mann:
„Machst du Scherze? Sag dass das nicht wahr ist!"
„Es ist aber wahr!"

„Wie kannst du meinen Sohn bei deinem Vater lassen; bist du verrückt geworden?“
„Mein Vater ist für mich genauso wertvoll wie unser Sohn. Und so wie du Angst und Sorge um deinen Sohn hast, so quält sich mein Herz vor Sorge um meinen Vater!“
Mays Mann sprang auf, nahm sein Pferd und ritt so schnell er konnte durch die schwarze Nacht. Er hoffte, seinen Sohn lebendig vorzufinden; befürchtete er doch, dass der Kleine von den Wölfen gefressen werden könnte. Die Angst zerriss ihm fast das Herz – dieses aber nahm die Lehre der Liebe an und ließ ihn diese verstehen.

Der Mann erreichte den Lagerplatz des blinden Mannes. Er hörte ihn laut rufen:
‚Weg von hier, das ist der Sohn von May!’
Der blinde Mann bewachte Mays Kind mit seinem Stock. Er schlug damit auf den Boden, sobald er irgendetwas hörte, gleichgültig ob es das Blätterrauschen der Bäume oder das Geräusch eines kriechenden Insekts war. Er rief immer wieder laut: ‚Geh weg von Mays Kind!’
Mays Mann trug seinen Sohn und seinen Schwiegervater, als wären sie beide Kinder und ritt mit ihnen zurück zu seinem Stamm.
Diese Geschichte erzählen sich die Leute. Sie gilt als Beispiel und Beweis für die Zärtlichkeit von Mädchenherzen, für ihre Treue zu ihren Vätern. Wem Gott keine Tochter schenkt, wird die Bedeutung der Liebe nicht kennen lernen.“

In dieser Nacht schlief ich gut, während sich mein Herz an der Geschichte von May erwärmte; ich war glücklich über die Gerechtigkeit des Himmels. Der Himmel erschafft die Mädchen nicht, um sie zu quälen, sondern damit man auf ihre Treue stolz sein kann. Danach schwor ich mir, meine Tochter May zu nennen, im Gedenken an jene May.

6

Die Intelligenz meiner Mutter und ihre „Zaubereien“ versetzten mich immer wieder in Erstaunen. Eines Tages fragte ich sie:
„Wie kommt es eigentlich, dass du zählen und addieren kannst, obwohl du doch nie eine Schule besucht hast?“
Mein Lob ermutigte sie, mir ihre Geschichte zu erzählen. Stolz wie ein General, der ein militärisches Geheimnis lüftet, erzählte sie, was wir noch nie zuvor von ihr erfahren hatten:
„Oft belauschte ich deine beiden Onkel, Abdullah und Mohammed, meinen Bruder und meinen Halbbruder, wenn sie im Gästezimmer für die Männer zusammen saßen und laut lernten. Heimlich konnte ich so alles auswendig lernen, was sie beim Lernen vor sich her sagten. So lernte ich die Zahlen, die Buchstaben und ein paar Sätze.
Doch eines Tages erwischte mich Mohammed, als ich mit der Schreibkohle auf seiner Holztafel in Schönschrift Buchstaben malte. Er zog so fest an meinen Haaren, dass er sie mir fast ausgerissen hätte und warf mich hinaus. Mit einem Büschel Haare in der Hand drohte er mir: ‚Wenn ich dich hier noch einmal erwische, breche ich dir die Knochen!’
Und meine Mutter fuhr fort:
„Den Leuten erzählten sich, dass ich, Heele, bis 1000 zählen könnte. Die Jungen kamen, um mich zu prüfen, und bedrängten mich: ‚Ist es wirklich wahr, dass du bis 1000 zählen kannst?’ Ich stellte mich vor sie hin und war bei 100 angelangt, als einige einsehen mussten, dass sie die Wette schon

verloren hatten, andere zogen sich verärgert zurück, weil sie mir keinen Fehler nachweisen konnten."
„Aber konntest du wirklich bis 1000 zählen?"
„Natürlich, was glaubst du denn! Als dein Vater, der damals in Riad arbeitete, uns eines Tages in unserem Dorf Leila besuchte, sah er, wie ich mit den Jungen des Dorfes um die Wette zählte und er erkundigte sich bei ihnen: ‚Bei Gott, wer ist denn dieses gescheite Mädchen?' Obwohl ich damals sehr schüchtern war, gab ich ihm selbst die Antwort: ‚Ich bin Heele, die Tochter von Abdul-Muhssin!' Hätte Gott mich doch damals zu sich genommen als Strafe dafür, dass ich das so freimütig bekannte. Hätte ich das doch bloß nicht gemacht!"
„Warum, Mutter! Kannte er dich denn nicht? War er nicht dein Verwandter? War Vater nicht ein Cousin deines Vaters?"
„Das … ja. Er wurde meine Strafe. Dein Vater ging noch am selben Tag zu meinem Vater und bat ihn um meine Hand. Mein Vater meinte nur: ‚Komm nächstes Jahr wieder. Heele ist noch klein. Sie ist eine Halbwaise und lebt bei ihrer Großmutter. Die wird nicht wollen, dass man sie ihr wegnimmt und sie jetzt schon verheiratet.' Jedes Jahr vertröstete mein Vater Osman aufs Neue: ‚Komm im nächsten Jahr wieder!' Daraus wurden dann drei Jahre. Jedes Jahr versprach ihm mein Vater, dass er mich im nächsten Jahr mit ihm verheiraten werde. Tatsächlich heirateten wir schließlich nach drei Jahren. An diesem Tag – ich war gerade von der Weide heimgekommen – empfingen sie mich. Ich wusste nicht, was da vor sich ging. Ich war noch klein und hatte noch nicht einmal meine Periode bekommen. Bis

dahin hatte ich nicht geahnt, dass meine unglückseligen tausend Zahlen mich auf einen langen, fremden Weg schleudern würden – so lang wie meine Zahlenreihen selbst."
Meine Mutter schwieg und schaute weit zurück auf ihren Weg, den sie „einen langen Weg in der Fremde" nannte.
„Erzähl weiter!" ermunterte ich sie.
Ich legte meine Hand auf die ihre und drückte sie, um sie zu ermutigen. Sie aber stieß meine Hand zurück und sagte:
„Geh weg. Du hältst mich von Beten ab. Was nützt das unsinnige Reden und Quatschen. Das endet in Sünde. Möge Gott uns verzeihen. Geh und verrichte jetzt dein Gebet!"

Ammusche erzählte mir schließlich den Rest dieser Geschichte, die mir meine Mutter nur spärlich wiedergegeben hatte.
„Heele hatte damals noch nicht einmal das Alter erreicht, in dem Mädchen einen Schleier tragen müssen. Sie kam gerade von der Weide zurück, von einer Arbeit, die üblicherweise die kleinen Mädchen machten. Da sah sie, wie ihr Vater seine Söhne Abdullah und Mohammed und auch meinen Bruder Mirschaan Schafe schlachten ließ – für die Hochzeit! Er beauftragte auch Großmutter Wadhaa, die Heele nach dem Tode ihrer Mutter Salma großgezogen hatte, und meine Mutter Nuweer, Heele als Braut für Osman herzurichten. Osman sollte an diesem Tag aus Riad kommen und die Ehe mit ihr vollziehen. Heele hatte sich schon auf ihrem Heimweg, vor dem Sonnenuntergang, auf ihre

Lieblingsspeise gefreut, welche die Großmutter sicher schon für sie vorbereitet haben würde: frisch gebackenes Brot in einer Zwiebelbrühe und geklärter Butter. Allein der Gedanke an den Duft, der dem Lehmofen entströmen würde, ließ ihr das Wasser im Mund zusammenlaufen, sie war ja schrecklich hungrig und müde. Sie hoffte, die Müdigkeit würde ihr noch etwas Zeit lassen, bis sie gegessen hätte. Als sie ins Haus kam, zog eine große Hand an ihrem Kleid. Es war die Hand ihrer Großmutter: ‚Komm, du freches Ding … warum kommst so spät?'

Eigentlich hatte sie sich kaum verspätet, doch ihre Müdigkeit hatte den Weg in die Länge gezogen. Und ihre Großmutter Wadhaa war auch gar nicht ärgerlich auf sie, sondern nur aufgeregt wegen der bevorstehenden Nacht. Sie wusste nicht, welches Schicksal ihrer Kleinen bevorstehen würde!

Nuweer schnürte das Band von Heeles langer Hose stramm um ihre Taille, als wollte sie das Mädchen vor etwas schützen, das es nicht kannte. Und Heele glaubte, dass niemand dieses Band so einfach würde lösen können.

Bevor er zum Morgengebet ging, noch während Heele schlief, zog er sie an diesem Band zu sich heran, so wie man es mit den Schafen vor ihrer Hochzeitsnacht gemacht hatte. Das hatte sie gesehen, als sie von der Weide kam. Der Bräutigam muss diese Aufgabe erledigen, bevor er am Morgen nach der Hochzeit sein Zimmer verlässt, sonst wird er von den anderen verspottet. Ohne etwas zu sagen, zog er sie an ihren Füßen zu sich heran und hielt mit seinen Oberschenkeln ihre Füße fest, als sie nach ihm trat. Er schnitt mit einem Messer in ihre dünne weiche Haut, ließ sie bluten und ging hinaus, als wäre nichts gewesen. Heele war völlig verwirrt. Sie dachte, ihr Vater würde sie töten, wenn sie ihm erzählte, was sein Cousin mit ihr gemacht hatte. Wie sollte sie aber etwas so Beschämendes überhaupt erzählen? Wie sollte sie das Geschehen in Worte fassen, ohne ihre Scham zu verletzen? Sie erinnerte sich an einige Worte, die Nuweer und ihre Großmutter gebraucht hatten, um sie auf diese Nacht vorzubereiten – aber sie hatte rein gar nichts verstanden. Jedes dieser Worte bedeutete aber, dass sie sich fügen sollte, wie es alle vernünftigen Frauen machten. Alles, was Osman mit ihr machen würde, sollte sie akzeptieren, auch wenn sie es gar nicht mochte.

Sie fühlte, dass man Osman alles verzeihen würde, was immer er auch tun würde. Sie aber würde ihm nie verzeihen und seine Handlungen nie akzeptieren. Sie hasste diesen Mann, der sie in jener Nacht so erschreckt hatte, als er ihr – die im Sitzen eingeschlafen war - einfach die Hose herunterzog. Das Gefühl jener Nacht begleitete sie ihr Leben lang, es rumorte im Magen und drückte ihr auf den Brustkorb. In der ersten Nacht geschah das aus Angst, doch in den folgenden Nächten wurde daraus ein Gefühl der Abscheu, das ihr den Magen umdrehte und den Brustkorb zusammenpresste. Der Kopf befahl ihr jedoch, sich so zu verhalten, wie sie es später auch in mehreren Hadiths zu hören bekam, welche die Frauen zur Geduld mahnen und ihnen andernfalls mit Strafen drohen. Standhaft ließ sie es fortan über sich ergehen, bis er fertig war. Dann gab sie sich ausschließlich Gott hin und tröstete sich mit dem Gedanken an das Paradies. Denn eine Frau, die den ehelichen Verpflichtungen nicht nachkommt, wird bis zum nächsten Morgen von den Engeln verflucht!

Heele lief zweimal davon. Beim ersten Mal flüchtete sie zu ihrem Onkel mütterlicherseits in das Dorf Al-Amaar. Einen halben Tag lang lief sie zu Fuß dorthin. Ihre Angst war so groß, dass sei weder an Verbrecherbanden noch an Diebe dachte. Weinend vor Müdigkeit und Hilflosigkeit erreichte sie das Haus des Onkels. Ihr Onkel Daari war zuhause, aber er interessierte sich nicht für ihre Klagen. Er sprach eine Fürbitte für ihre verstorbene Mutter, streichelte ihr das Haar und sagte:
'Wenn deine Mutter noch lebte – Gott hab sie selig – wärst du nicht geflüchtet!'
Er nahm sie an der Hand, und zusammen gingen sie nach Leila, zu ihrem Dorf zurück. Beide schwiegen den ganzen Weg über, bis sie das Tor des Hauses sah. Ihre Brüder spielten vor der Tür, als sei nichts geschehen. Im Hause angekommen, empfing Wadhaa sie mit Schlägen und Kniffen in ihre Oberschenkel; tagelang waren noch blaue Flecken zu sehen. Wenn Nuweer sich nicht eingemischt hätte, hätte Heele diesen Abend vielleicht nicht überlebt.
Am nächsten Morgen verschwand sie erneut. Man schickte ihren Bruder Abdullah zu den Onkeln, um nach ihr zu fragen. Doch dieses Mal war sie nicht dort. Sie schlugen ihre Schwester Sarah, damit sie

Heeles Versteck preisgeben sollte. Sarah weinte bitterlich aus Angst um Heele und schwor, dass sie es nicht wüsste. Sarah sagte zu ihrer Großmutter:
‚Vielleicht hat ein Dämon meine Halbschwester Heele entführt und brach ihr am Brunnen den Hals gebrochen.'
Ihre Großmutter hatte ihr nämlich immer solche Geschichten über Dämonen, die in Brunnen hausen, erzählt.
Ihre Mutter entgegnete daraufhin:
‚Hätte dich der Dämon doch auch entführt, dann wären wir von eurer Schande befreit, ihr ehrlosen Mädchen!'
Es wurde Nacht – und immer noch keine Spur von Heele. Ihre Familie fing langsam an, sich Sorgen zu machen. Nuweer beruhigte Wadhaa mit den Worten:
‚Keine Angst! Heele ist noch klein. Sie wird kaum weit gekommen sein. Morgen scheint die Sonne und erhellt das ganze Haus. Wohin sollte sie denn auch gehen? Sicher ist sie irgendwo in der Nähe und kommt wieder zurück!'
Wadhaa meinte:
‚Das Mädchen ist klein. Vielleicht ist sie tatsächlich in einen Brunnen gefallen oder es ist ihr ein anderes Unglück zugestoßen, von dem wir nichts wissen!'

Nuweer war durch das lange Aufbleiben müde und erschöpft. Sie verabschiedete sich von Wadhaa, um endlich schlafen zu gehen. In völliger Dunkelheit lief sie die kurze Strecke von Wadhaas Haus bis zu ihrem eigenen. Die Grillen erfüllten die Stille der Nacht mit ihrem lauten Zirpen, als wollten sie das

Versteck Heeles verraten oder ihr Gesellschaft leisten, indem sie ein lautes, nächtliches Fest veranstalteten. Nuweer betrat ihr Haus, das aus einer kleinen Küche und einem weiteren, noch kleineren Raum bestand. Ihr Herr, Abdul-Rahman, hatte es ihr geschenkt. Keines ihrer Kinder wohnte noch dort: ihre Tochter Ammusche hatte geheiratet, und ihre zwei Söhne waren nach Al-Chuber gezogen und arbeiteten dort bei ARAMCO.

In dem engen Eingang stand die blinde Nuweer vor dem Wasserkrug, um zu trinken. Sie nahm den hölzernen Deckel ab und schöpfte etwas Wasser, um ihren Durst zu löschen; aus Angst um Heele war ihr die Kehle völlig eingetrocknet. Auf einmal stieß ihr Fuß an einen kleinen, warmen Körper. Voller Schrecken hauchte sie:

‚Im Namen Gottes, des Gnädigen, des Barmherzigen! Mensch oder Dämon!?'

Eine vor Weinen und Angst bebende Stimme sagte:

‚Großmutter Nuweer, ich bin es, Heele!'

Nuweer nahm Heele fest an der Hand und zusammen gingen sie wieder zurück zu Großmutter Wadha. Heeles Hand zitterte, auch vor Kälte und Hunger. Nuweer strich ihr liebevoll über das Haar und erzählte ihr unentwegt Geschichten von Geduld und Trost, um Heeles ängstliches Gemüt zu beruhigen.

Heele dachte nur an die zu erwartende Strafe durch ihre Großmutter Wadhaa. Sie war müde, hungrig und hilflos, nachdem sie den ganzen Tag lang auf der Flucht gewesen war, ein furchtbar bitterer und harter Tag. Heele malte sich aus, endlich irgendetwas Essbares in den Mund zu stecken. Alles würde

ihr jetzt besser schmecken als der Geschmack der Freiheit, den sie gerade so bitter erfahren hatte.
In dieser dunklen Nacht gingen Nuweer und Heele den Weg zurück, ohne genau zu wissen, wer wen führte: die blinde Nuweer Heele – oder die gut sehende Heele die alte Nuweer. Der Weg war für beide gleich schwer, ein Weg ohne Augen; denn die Nacht verhüllte Heeles Augen mit ihrer schwarzen Binde und legte diesem letzten Tag, den sie noch in ihrem Dorf verbringen konnte, Fesseln an.
Zwei Tage lang hatte sie sich vor den Menschen versteckt, die sie schließlich zu einem Mann zurückschleppten, der 15 Jahre älter war als sie. Schon allein die Erinnerung daran, dass er es ja gewesen war, der sie damals nach ihrem Namen gefragt hatte, jagte ihr Angst ein. Sie wünschte sich, sie hätte ihm nie ihren Namen genannt und machte sich selbst die größten Vorwürfe. Ihre freche Zunge, vor der ihre Großmutter Wadhaa sie stets gewarnt hatte, war an allem schuld, was danach mit ihr geschah. Ohne ihr vorlautes Mundwerk wäre nichts von alledem passiert. Von diesem Tag an war ihr das Reden verhasst, brachte es doch nur Sünde und Unheil. Und so entschied sie sich, mit dem Reden sehr sparsam umzugehen, sei es aus Angst vor Folgen oder Strafe.

Osman band die Füße seiner Braut die ganze Nacht über an seinem Arm, aus lauter Angst, sie könnte wieder weglaufen. Am nächsten Tag nahm er sie mit nach Riad, wo sie keinen Fluchtweg kannte.“

7

Ich goss den bitteren Kaffee in die Thermoskanne, auf die ich zuvor ein Sieb gelegt hatte, um die Kardamomschalen aufzufangen. Ich machte den Deckel zu, stellte die Kanne in einen Plastikkorb und legte eine Plastikdose mit ein paar Datteln dazu. Dann setzte ich mich auf den Rücksitz meines Autos. Mein philippinischer Fahrer José brachte mich zum Krankenhaus, in dem ich arbeitete. Die Luft war kalt und die Stimme der libanesischen Sängerin Fairouz sang: „Wie mag es dir gehen … wer könnte mich mehr begeistern als du?"
Das Auto fuhr mit mehr als 100 Stundenkilometern über die Umgehungsstraße. Hier darf keiner langsamer als 100 fahren, sonst rollen die anderen Autos einfach über ihn hinweg. Auf dieser Schnellstraße gab es keine Staus, wie das in den Stoßzeiten in Riad sonst überall üblich ist. Der Weg zum „Nationalkrankenhaus König Fahd" erstreckte sich über weite Flächen Brachlands. Mein Vater erzählte mir einmal, dass diese Gegend früher ein Teil der Wüste gewesen und im Frühling sogar ein beliebtes Ausflugsziel war. Heute liegt dieses Gebiet innerhalb der Stadt und ist nur 20 Minuten von meinem Haus entfernt. Sobald mein Auto sich dem Tor näherte, zog ich den Schleier vor mein Gesicht. Ein Soldat schaute herüber und begutachtete mich, warf einen prüfenden Blick auf die Plakette mit dem Passierschein auf der Frontscheibe und ließ uns dann einfahren.

Die Tätigkeit als Sozialarbeiterin in einem Krankenhaus war die einzige Art von Arbeit, die ich mit meinem Universitätsabschluss bekommen hatte. Denn mein Abschluss war im öffentlichen Bereich nicht so gefragt wie Abschlüsse anderer Fächer. Meine Freundinnen, die Arabisch und Pädagogik studiert hatten, waren inzwischen Lehrerinnen an Mädchenschulen geworden – dank so mancher Empfehlungsschreiben von wichtigen Leuten. Mein Fach hingegen bereitete einiges Kopfzerbrechen. Für das Lehramt eignete es sich nicht und bei den Sozialämtern, die nur ein geringes Budget zur Verfügung hatten und sich keine neuen Angestellten leisten konnten, war ich nicht willkommen. Kurzzeitig gehörte ich zu den ersten Arbeitslosen meiner Generation, deren Zahl unter jungen Leuten in dem reichen Ölland immer größer wurde.
Schon seit einem Jahr lebte ich wieder in meinem Elternhaus bei meiner Mutter, nachdem ich Manssur verlassen hatte und mein Vater gestorben war. Ich wollte arbeiten, um mich und meine Tochter selbst zu versorgen. Ich fand schließlich eine gut bezahlte Arbeit bei einer amerikanischen Firma, die das große Nationalkrankenhaus leitete. Meine Mutter war dagegen und begründete ihre Ablehnung ausschließlich damit, dass dort Männer und Frauen ohne Geschlechtertrennung zusammenarbeiteten. Sie befürchtete, ich würde mich dem Geschwätz der Leute aussetzen. Und wenn der Vater meiner kleinen Tochter davon erführe, würde er uns Vorwürfe machen, und mir vielleicht sogar das Kind wegnehmen. Meine Mutter wusste ganz genau, dass Manssur nach seiner zweiten Eheschlie-

ßung nicht mehr an mir und oder May interessiert war. Sie drohte mir aber damit, mir das Leben zur Hölle zu machen, wenn ich meinen Entschluss, im Krankenhaus zu arbeiten, in die Tat umsetzen würde. Als befürchte sie einen Machtverlust, weil ich mich dann tagsüber mehrere Stunden lang ihrem Einflussbereich und ihrer Kritik würde entziehen können. Außerdem würde ich dann genügend Geld in den Händen haben und wäre nicht mehr davon abhängig, ob und wann sie mir mal Geld zusteckte.

Ich versprach meiner Mutter, den Gesichtsschleier zu tragen wie alle saudischen Mädchen aus konservativen Familien. Ich zählte ihr auf, welche Mädchen aus solchen Familien ebenfalls in meiner Abteilung arbeiteten. Als sie merkte, dass sie sich nicht durchsetzen würde, begnügte sie sich mit dem kleinen Triumph, dass ich ja auf jeden Fall den Schleier tragen würde – bis sie vielleicht einmal eine andere Begründung finden würde, meine Arbeit im Krankenhaus zu verhindern. Die Bedingung meiner Mutter, mir die Arbeit im Krankenhaus zu erlauben, hieß den Gesichtsschleier zu tragen, so dass nur meine Augen zu sehen wären. Ich stimmte sogar zu, ihn während der Arbeit zu tragen. Doch alle anderen wussten ganz genau, dass ich ihn immer ablegte, sobald ich mein Büro betrat. Ich empfing jeden, der zu mir kam, ohne mir die Mühe zu machen, den Schleier wieder anzulegen. Viele meiner Kollegen verstanden gut, dass ich ihn nur unter dem Zwang der gesellschaftlichen Fesseln trug, nicht anders als die meisten Mädchen aus den konservativen Familien Riads.

Diese jungen Frauen sind ständige Objekte von Verfolgung, Aufdringlichkeit und Kommentaren über ihr Kommen und Gehen. Die Mitarbeiterinnen aus anderen arabischen Ländern oder anderen Kulturen, die es mit der Schleierfrage nicht so eng sahen, standen weniger im Visier. Sie benutzen den Schleier um ihr Haar zu bedecken, nicht aber ihr Gesicht. Sowohl die Patienten als auch die Krankenschwestern, die größtenteils aus den Wüstengebieten oder aus Nagd kommen, sind sich jedoch über die Bedeutung ihres Schleiers einig: er soll ausdrücklich das Gesicht verbergen, und manchmal sollen sogar die Beine und Füße mit schwarzen Strümpfen verhüllt und die Hände mit Handschuhen bedeckt werden, so dass vom Körper der Frau kein Finger breit unbedeckt bleibt.
„Guten Morgen, Kolleginnen!"
„Guten Morgen den Indern, der Freude und allen frechen Kindern!"
„Guten Morgen, Emily!"
„Guten Morgen, Frau Hind." sagte die indische Kollegin.
„Wo ist die Anwesenheitsliste, meine offenbar bestens gelaunte Kollegin?"
„Bei der Chefin, meine Liebe." antwortete die ägyptische Kollegin.
„Müssen wir wirklich schon in aller Frühe zu Susu? Gütiger Himmel, der Tag fängt ja gut an!"

Ich wandte mich zum Büro unserer Chefin. Der Duft ihres amerikanischen Kaffees breitete sich schon im Flur aus, der zu ihrem Büro führte. Auch der Duft ihres amerikanischen Parfüms verteilte

sich überall … meine Chefin Sarah hatte nämlich eine amerikanische Universität absolviert.
Sie trägt keinen Gesichtsschleier, wenn sie über die Flure läuft, genau wie ich. Nur ein Tuch aus schwarzer Seide liegt locker über ihrem Haar und lässt vorne eine Haarsträhne frei. Sarah macht sich immer schön, unermüdlich. Sie ist stark geschminkt, um fehlerhafte Stellen ihrer dunkelbraunen Haut zu verdecken. Das lässt sie älter aussehen, als sie wirklich ist. Sarah ist vierzig Jahre alt und geschieden. Was sie am meisten bei ihrer Arbeit ärgert, sind ihre männlichen Kollegen, die in ihrer Abteilung arbeiten und gegen sie rebellieren. Sie ignorieren ihre Anordnungen, allein, weil sie eine Frau ist. Es ist ihnen peinlich, unter der Leitung einer Frau zu arbeiten. Sie weigern sich, morgens um acht Uhr in ihr Büro zu gehen, um sich auf der Anwesenheitsliste einzutragen. Sie rechtfertigen ihre Weigerung damit, dass ihre Büros, die in dem vorderen Korridor des Krankenhauses liegen, von dem der Chefin weit entfernt sind. Sie schlagen ihr deshalb vor, das Unterschriftenheft bei dem für die Organisation der Abteilung zuständigen Herrn Abdul-Rahman zu hinterlegen, um den Weg für sich zu verkürzen. Andernfalls würden sie nicht pünktlich um acht Uhr früh bei ihr unterschreiben, sondern erst dann, wenn sie sich zufällig in der Nähe ihres Büros befänden.
Ich gehe nicht oft an ihrem Büro vorbei, da sie selbst kaum jemals schon um acht Uhr da ist. Ihr Büro ist in den ersten Morgenstunden meist geschlossen. Ihre Sekretärin begründet das damit, dass sie früh immer eine Konferenz außerhalb des Kran-

kenhauses habe. Ist sie tatsächlich einmal pünktlich um acht Uhr im Büro, lässt sie sich von ihrer Sekretärin sofort das Unterschriftenheft vorlegen, um diejenigen zu erwischen, die zu spät gekommen sind. Den Betreffenden erteilt sie dann eine Rüge.

Sarah gestand uns weiblichen Angestellten, die ihr zwar gehorchten, hinter ihrem Rücken aber aufmüpfig waren, dass sie den Posten als Leiterin der Abteilung für Soziales nur durch Beziehungen bekommen hatte – die Beziehung ihres Vaters, eines reichen Geschäftsmannes, zum Leiter der Klinik. Das gehörte gewissermaßen zur „Aufteilung des Thronschatzes“ im Krankenhaus, einfach durch Anordnung von oben, wie ich Sarah verstand. Sie war weder stolz auf ihr Zeugnis noch auf ihre gute Führungsqualität; beides war ihrer Meinung nach nicht ausschlaggebend dafür, dass sie diesen wichtigen Verwaltungsposten erhalten hatte. Umso stolzer jedoch war sie auf die Beziehungen ihres Vaters zu den Leuten „da oben“. Diese Beziehungen würde sie vor allen Machtspielen innerhalb der Verwaltung schützen – sollte jemand ihr Unrecht tun oder gegen sie vorgehen, um ihr den Posten streitig zu machen. Davor hatte sie am meisten Angst, und sie zog solche Intrigen durchaus in Betracht. Für alles, was ihre Stellung beeinträchtigen könnte, traf sie Vorsorge. Sie engagierte eine nicht-saudische Angestellte für eine Sonderaufgabe: diese Witwe, eine sehr arme Frau, sollte ihr alles berichten, was sie in der Abteilung zu hören und zu sehen bekäme. Das brachte mich einmal in eine unangenehme Lage, als diese Frau ihr weitererzählte, dass meine

Freundin Muniera und ich ihren Namen verniedlichten – wir nannten sie Susu. Wir machten uns auf diese Weise über Sarah lustig und ahmten ihre kokette Art zu reden nach.
Die Frauen um sie herum tratschten darüber, dass es ihre Situation als geschiedene Frau wohl mit sich brächte, dass einige männliche Angestellte sie in ihrem Büro besuchten und mit ihr Kaffee tränken, ohne einen eindeutigen dienstlichen Anlass für den Besuch zu haben. Ihre Tür blieb während solcher Besuche die ganze Zeit über geschlossen. Ihr Stellvertreter erledigte währenddessen ihre Arbeit, ohne dass jemand ihre Abwesenheit bemerkte, da sie später alles unterschrieb, was er ihr vorlegte.

Sarah umschmeichelt gerne junge Männer. Ihre Besucher sind meistens nicht älter als 30 Jahre. Nicht selten findet keiner von uns eine dienstliche Erklärung für deren Anwesenheit, außer dass sie gut aussehen. Wenn Schatha einen von ihnen erblickt, beißt sie sich oft auf die Lippen und flüstert mir zu: „Wo gabelt dieses Teufelsweib bloß alle diese jungen Männer auf!?“

* * *

„Guten Morgen, Sarah.“
„Guten Morgen.“
Meine Chefin antwortet mir nur leise und vertieft sich wieder in ihre Papiere, ohne mich eines weiteren Blickes zu würdigen.

Mein Büro liegt weit weg von den Krankenstationen, doch der typische Krankenhausgeruch erfüllt alle Flure des Krankenhauses. Die Küchenhelfer tragen das in Folie verpackte Frühstück zu den Patienten. Eine über Lautsprecher erschallende Stimme aus der Zentrale bittet einige Angestellte um Rückruf. Auf dem Flur treffe ich den zehnjährigen Faisal. Er ist wie immer mit seinem Rollstuhl unterwegs. Er ist Dauergast im Krankenhaus dank persönlicher Beziehungen, obwohl er nicht wirklich krank ist. Er ist allerdings behindert und braucht besondere Fürsorge. Seine reiche Familie fliegt jedes Jahr in die Schweiz, findet aber für ihn in ihrem eigenen Haus keinen Platz für seine Pflege, weder durch eine private Krankenschwester noch durch ein Dienstmädchen. Aber die Familie besitzt genügend Geld, um sich ein Empfehlungsschreiben zu erkaufen, der es dem Jungen erlaubt, jahrelang im Krankenhaus zu bleiben. Er war einmal ein hübscher Junge, wie seine Gesichtszüge noch immer ahnen lassen. Ein ärztlicher Fehler verursachte seine geistige Behinderung und stahl ihm eine glückliche Kindheit.
„Guten Morgen, Faisal."
Er schaut mich an, während er seinen Hals mühsam aufzurichten versucht. Er lächelt, und ich streichle über sein Haar.
„Kommst du mit mir mit? Ich habe etwas Gebäck für dich in meiner Tasche."
Faisal wird verlegen und windet seinen Kopf hin und her … eine Krankenschwester kommt aus der Kinderstation und ruft laut:
„Ah, hier bist du, Faisal? Ich suche dich schon!"
„Morgen, Frau Hind."

„Guten Morgen Jane, wie geht es dir heute?"
„Gut, und dir?"
Jane streichelt über Faisals Haar. Es schmerzt mich, dass die blonde Jane Faisal offenbar mehr liebt als seine Eltern es tun. Sie dreht seinen Rollstuhl herum und sagt:
„Dein Haar muss aber wirklich bald geschnitten werden. Komm, jetzt gehen wir erst mal frühstücken."

Ich betrat mein Büro. Schatha war gerade dabei, ihre Schminke auszubessern. Sie trug schwarze Farbe auf die Augenlider auf und zog die Farbe mit dem Pinsel nach außen. Diese schwarze Farbe ließ Schathas Augen schöner und bezaubernd rätselhaft strahlen. Schatha ist eine hübsche Frau mit den scharfen Gesichtszügen einer Beduinenfrau. Ihre schwarzen Augen strahlten vor lauter Freude und Intelligenz. Sie hat kleine Zähne, die untereinander Unruhe stiften. Sie bilden keine normalen Reihen, sondern jeder Zahn überlappt einen anderen in völliger Unordnung. Das verleiht Schatha beim Lachen eine warme Kindlichkeit, die sie kaum verstecken kann. Wer Schatha sieht, erblickt einen Schmetterling, der sorglos über ein reichhaltiges, buntes Feld voller Liebesgeschichten flattert. Manchmal kann man auch einen falschen Eindruck von ihr bekommen und glauben, sie sei nur verwöhnt und arrogant.
Ich stelle meine Thermoskanne auf den Tisch – sie ist meine Begleiterin, wohin ich auch gehe. Mit dieser Kanne bin ich überall bekannt. Ich öffne den Deckel, und aus der Kanne strömt der eigenartig anregende Duft des Kaffees und erfüllt mein Büro,

wie jeden Morgen. Er lockt jeden an, der an meinem Büro vorbeigeht. Die Kollegen fragen nach dem Geheimnis dieses Duftes. Natürlich ist diese oft wiederholte Frage nur ein Vorwand für ein mehr oder weniger offenes Betteln – das heißt, sie wünschen sich eine reichliche Tasse Kaffee von mir. Ich mag niemandem den Kaffee vorenthalten, aber mit der Zeit habe ich auch gelernt, wachsam zu sein und rechtzeitig das Gespräch abzubrechen, wenn sich jemand bereits nach der ersten Tasse schon für eine zweite einschmeicheln will. In dem Fall verlasse ich mit einer Entschuldigung mein Büro, und mein Gast versteht, dass die Kaffeepause damit beendet ist.

Ich goss den Kaffee in die beiden bunten Porzellantassen ein, die ich von zuhause mitgebracht hatte. Ich stellte die eine Tasse für Schatha auf den Tisch und nahm mir selbst die zweite. Unsere Kollegin Gahier, die wir „Hadschi Gahier" – die Pilgerin – nennen, kam herein. Schatha sprang mit der ihr eigenen Leichtigkeit auf und sagte:

„Gut, ich bin gerufen worden." Sie blickte auf ihren Pieper und sagte: „Das ist die Station 15. Wir sehen uns später, Hindchen."

„Und dein Kaffee?"

„Den kann Hadschi Gahier trinken."

„Möchtest du Kaffee, Gahier?"

„Nein danke!"

„Aber ich brauche selbst unbedingt noch einen Kaffee, um richtig wach zu werden!"

„Dann bist du wohl spät aufgestanden heute?"

„Ja, so in etwa."

„Heißt das, dass du das Morgengebet nicht verrichtet hast?!"

Ich schaute sie an, sah ihr rundes Gesicht, den hellbraunen Teint und die kleinen, feinen Gesichtszüge, der harte Blick ihrer Augen – und hörte dann diese verbitterten Worte. Ihre Bemerkung ließ mich vermuten, dass sie einen Anlass für eine lange, religiöse Predigt suchte, wobei sie gewöhnlich alle Koranverse und Hadiths, die sie kennt, aufsagt. Ich erwidere ihr nur: „Doch, ich habe schon gebetet, aber der Schlaf ist eben König."

Ich schlug mein Buch auf, wobei ich darauf achtete, dass sie den Titel nicht zu sehen bekam und wendete mein Gesicht von ihr ab. Ihre verstohlenen und beharrlichen Blicke auf den Buchumschlag verrieten ihr am Ende doch den Titel des Buches und sie rief erbost aus:

„Gott behüte! Was sind das nur für Bücher? Fürchtet ihr nicht um euren Glauben wenn ihr diese westlichen Bücher lest?"

Ich nahm mir im Stillen vor, gar nicht darauf einzugehen. Sollte sie sich doch einen anderen suchen, mit dem sie streiten kann. Da kam unser Kollege Saad herein, ein junger Mann ohne Bart, der gerne mit den Frauen plaudert, sobald sich ihm eine Gelegenheit dazu bietet. Er fragte die philippinische Sekretärin nach Sarah, der Abteilungschefin.

„Sie ist nicht da. Willst du eine Nachricht für sie hinterlassen?"

„Nein, es ist nicht wichtig."

Dann scherzte er mit ihr über das Foto auf ihrem Schreibtisch:

„Ist das etwa deine kleine Schwester?"

„Nein, das bin ich selbst!" und fragte ihn im Gegenzug:

„Was heißt eigentlich ‚Waschraum' auf Arabisch?"
„Hammam."
„Hammam" sprach sie nach.
„Du musst aber gut aufpassen, denn es gibt auch noch das Wort ‚Hamam', das heißt ‚Tauben'. Und ‚Hammam' bedeutet ‚Waschraum'."
„Oh Gott ... und wie kann ich mir den Unterschied merken?"
„Der Unterschied zwischen ..."
Gahier unterbrach ihn:
„Das ist ja kaum zu glauben! Willst du der Frau in unserem Büro jetzt Unterricht in der arabischen Sprache erteilen? Das geht also nicht, Kollege. Schlimm genug, dass Männer und Frauen zusammen in einem Raum arbeiten – das allein bringt schon genug Probleme! Sei auf der Hut, der Teufel lauert überall!"
Ich schaute zu Saad, dessen Gesicht unter Gahiers Predigt rot angelaufen war. Es war ihm sichtlich peinlich. Trotzdem antwortete er ihr freundlich:
„Guten Morgen, Gahier ... du bist also auch da!"
Um die Peinlichkeit zu überspielen, erkundigte er sich nach bestimmten dienstlichen Angelegenheiten in der Abteilungsverwaltung wegen eines Patienten.
Das sagte Gahier sehr viel mehr zu. Voller Eifer antwortete sie ihm und vergaß darüber die Geschichte mit dem Arabischunterricht. Ich lenkte mich mit meinem Roman ab, den ich Tags zuvor begonnen hatte. Gahier ging hinaus, nachdem auch Saad, der sich hier nicht willkommen fühlte, den Rückzug angetreten hatte. Eine ungewöhnliche und seltene Stille erfüllte das Büro.

8

„Jesus wird wieder gekreuzigt!“ Das war der Titel des Romans, den ich gerade las. Mir schien das bloß ein schöner, harmloser und ungefährlicher Roman zu sein, bis ich jetzt seinen Titel von jemandem hier laut ausgesprochen hörte. Das Herz rutschte mir in den Schoß: „Jesus“, „Kreuzigung“, „Kazantzakis“ – alles fremde Namen für uns. Die sollte man hier besser nicht offen aussprechen. Ich steckte das Buch weg, verstimmt und verärgert! Wegen des Mannes, der mein Geheimnis mit so lauter und neugieriger Stimme herausposaunt hatte?
Es war ein junger Mann so um die 30, mit hellbrauner Haut, groß und breitschultrig. Er trug einen weißen Kittel, an dem ein Namensschild der Klinik steckte. Das hieß, er war Krankenhausangestellter. Er sagte:
„Sei gegrüßt!“
Ich hob meinen Kopf, ohne zu antworten. Er zeigte auf mein Buch, während seine Augen lachten:
„Schöner Roman!“
Ich legte das Buch so auf den Schreibtisch, dass man den Titel nicht sehen konnte. Ich sagte immer noch nichts und wartete auf einen Satz von ihm, den ich beantworten könnte, ohne mich weiter mit ihm ins Gespräch zu verwickeln.
Er wirkte ein wenig verwirrt, als er merkte, dass meine Miene nicht auf seine Bemerkung reagierte und meinte dann nur:
„Entschuldigung … ist Schatha da?“
„Nein! Sie ist weg. Willst du eine Nachricht für Sie hinterlassen?“

Ohne auf seine Antwort zu warten, legte ich ihm einen grünen Krankenhausblock und einen Stift auf den Rand des Tisches. Er schrieb etwas darauf und sagte:
„Gut, danke."
Mit einem kleinen Lächeln sagte ich leise:
„Nichts zu danken."
Und er ging hinaus.

Auch der Mann, den ich liebte, war groß gewesen, er hatte breite Schultern, und er war voller Liebe zu mir. Aber diese Liebe führte zum Streit mit meiner Mutter. Nur weil ich dem Ansehen dieses Mannes, den ich liebte, nicht schaden wollte, konnte sie mich bei dieser Auseinandersetzung besiegen. Eines Tages entdeckte meine Mutter mein Geheimnis, das ich nicht gut genug verborgen hatte. Ich hatte ihn durch meine Freundin Modi kennen gelernt. Er war ein Freund ihres Freundes. Ich war noch jung und naiv. Alle meine Erfahrungen in Sachen Liebe gingen nicht über Telefonate und nächtliches Wachsein und nächtliche Liebesfantasien hinaus: oft legte ich um ein Uhr nachts meine Fotos an unserer Haustür ab, und er kam und nahm sie mit. Gleichzeitig ließ er seine Fotos an der beleuchteten Türschwelle zurück. Sobald ich sein Auto hörte, ging ich hinaus und nahm sie an mich. Dann verbrachten wir Stunden am Telefon und sprachen über die Bilder. Eines Tages wollte er mir die Fotos, die er zuletzt in London gemacht hatte, persönlich übereichen. Ich zögerte ein wenig. Ich wollte ja nicht als leichtsinniges oder gar leichtes Mädchen vor ihm dastehen. Mein Herz war völlig aufgewühlt vor lauter Hunger nach einem Treffen mit ihm, von Angesicht zu Angesicht. Er kam nachts um eins. Alle im Haus schliefen, und mein Bruder Ibrahim hatte einen Ausflug in ein Jugendcamp in der Wüste gemacht und wollte dort auch übernachten. Ich bat meine Schwester Maschael, die Lage zu überwachen und mir ein Zeichen zu geben, sobald sich die Zimmertür meiner Mutter öffnen sollte. Ich trug ein grünes, mit weißen Rosen gemustertes Kleid, schminkte meine Augen mit schwarzem Lidstrich und trug Lippenstift auf. Ich wartete drinnen hinter der Haustür und öffnete sie ein wenig. Die Außenbeleuchtung schaltete ich vorsorglich aus, damit er unerkannt bliebe, falls jemand uns sehen sollte. Er drehte erst mit seinem Auto ein paar Runden um den Block, um sicher zu sein, dass wir auch von niemandem beobachtet würden. Als er sah, wie das Licht über der Haustür ausging – unser Geheimzeichen - näherte er sich langsam mit dem Auto unserer Haustür. Ich hörte das Motorengeräusch seines Autos, während er langsam heranfuhr. Ich machte die Tür noch etwas weiter auf und wartete ab. Dann hörte ich, wie die Autotür zuschlug und sah den Saum seines weißen Umhanges, als er sich der Haustür näherte. Mein Herz klopfte so schnell und laut, dass es mir in den Ohren pochte. Meine Kehle war vor purer Angst völlig ausgetrocknet und meine Hände wurden eisig und zitterten. Er kam näher, ermutigte sich offensichtlich selbst mit einem Lächeln; jedenfalls wirkte er sicherer als ich es war.

Zum ersten Mal sah ich das Gesicht des Mannes, den ich liebte, aus nächster Nähe. Seine Augen glänzten ebenso wie seine weißen Zähne. Ein breites und glückliches Lächeln lag auf seinem Gesicht. Auch sein weißer Umhang leuchtete, und sogar seine warme Stimme schien zu schimmern, als er mich begrüßte:
„Guten Abend, meine Liebe, endlich!"
In seiner Anwesenheit sah alles auf einmal rosig aus, alles wurde lebendig, ganz anders als die schweigenden Gesichtszüge auf seinen Fotos, die versteckt in einer Schublade in meinem Zimmer lagen.
„Was! Bist du ein Fan unserer Nationalmannschaft?" sagte er scherzend
und zeigte auf mein grünes Kleid.
Ich lächelte etwas verschämt. Mein Herz klopfte noch immer so schnell, dass ich nicht fähig war, regelmäßig zu atmen. Jedes Mal, wenn irgendwelche Laute meinen Mund verließen, dachte ich: gleich werde ich ohnmächtig. Er gab mir eine kleine Tüte, aus der zwei Nelken herausragten, eine weiße und eine rote. In der Tüte war auch eine kleine weiße Schachtel mit zartem, französischem Parfüm – es hieß Anaïs. Noch heute zittert mein Herz, sobald ich diesen Duft wahrnehme.
Der Duft der zwei Nelken drang in meine Nase. Ich sah jetzt zum ersten Mal in meinem Leben echte Blumen. Bislang kannte ich Blumen nur aus Beschreibungen, aus Schulaufsätzen, von den Hochzeitsfotos der Schwestern meiner Freundinnen und aus ägyptischen Filmen. Ansonsten kannte ich nur die Kunstblumen, die meine Mut-

ter überall in unserem Haus verteilte. Jetzt, zum ersten Mal in meinem Leben, sah ich echte Nelken, die einen wunderbaren Duft verbreiteten. Der Mann, den ich liebte, schenkte sie mir als Zeichen für seine Liebe. Eine Liebe, so groß wie seine breite Brust. Ich wischte mir den Schweiß ab, der allerdings zum Glück von Minute zu Minute nachließ. Ich strich mir mit der Hand übers Haar, um mich zu vergewissern, dass meine Frisur noch in Ordnung war. Mal strich ich mir vorn über das Haar, mal wischte ich mir die Haare vor den Augen weg, und mal legte ich meinen Finger auf meine Wange und verrieb das Rouge. Meine Hemmungen drückten mir so sehr aufs Herz, dass ich das Gesicht des Mannes, den ich liebte, kaum anschauen und seine liebevollen Worte kaum genießen konnte. Ich zitterte vor Angst bei dem Gedanken, dass meine Mutter mein Geheimnis entdecken, oder mein Bruder plötzlich zurückkommen würde. Oder aber dass der Nachbarjunge, der mit mir flirten wollte und auf ein Zeichen oder eine Antwort von mir hoffte, auftauchen und das glänzende Auto meines Liebsten entdecken könnte. Aus lauter Neid und Eifersucht und um sich zu rächen, würde er bestimmt meiner Mutter und meinem Bruder Ibrahim Bescheid sagen.

Ich wünschte mir von ganzem Herzen, dass mein Liebster nur ganz schnell wieder weggehen sollte, damit ich wieder zu jener ruhevollen Art von Liebe zurückschweben könnte: ihn in meinem Schlafzimmer ohne seine Anwesenheit zu lieben

war nämlich viel einfacher, als ihn an der Tür in bebender Angst zu lieben. Er versuchte, seinen Aufenthalt an der Tür auszudehnen, da er glaubte, meine Schüchternheit würde mich davon abhalten, mit ihm über unsere Liebe zu sprechen. In Wirklichkeit erstickte ich fast vor Angst. Er versuchte sich mir zu nähern, und sein Gesicht kam dem meinen entgegen. Er griff mit seiner Hand nach den Perlen auf dem Gürtel, den ich trug, und spielte damit. Ich sagte ihm:
„Bitte, geh jetzt, es ist genug!"
„Gut, unter einer Bedingung: ich möchte einen Kuss von Dir, bevor ich gehe." Das überraschte mich so sehr, dass ich fast lachen musste. Ich sagte ironisch:
„Mein Gott, bist du mutig!"
„Natürlich, was denkst du denn? Und wenn ich sage, ich bekomme einen Kuss, dann werde ich ihn auch erhalten!"
Mit Gewalt und Härte riss ich seine Hand von meinem Gürtel. Ich tat das mit solcher Kraft, dass einige Perlen sich lösten und in seiner Hand blieben. Er entschuldigte sich und sagte:
„Oh, das tut mir aber leid. Ich habe dir die Perlen vom Gürtel abgerissen!"
Er bückte sich, um hinuntergefallene Perlen aufzusammeln.
„Du brauchst sie jetzt nicht aufzusammeln! Geh jetzt!"
Ich sagte diesen Satz und bückte mich ebenfalls, um ihm die Perlen aus der Hand zu nehmen und ihn wegzuschicken. In diesem Moment hob er seinen Kopf genau dorthin, wohin ich mich

bückte. Sein Kopf stieß mit meinen Lippen zusammen, und die Lippen taten mir durch den schmerzhaften Zusammenstoß ziemlich weh. Aber die Schmerzen waren mir nicht wichtig … wichtig war in dem Moment einzig und allein, dass er schleunigst gehen sollte. Er schaute sich meine Lippen an und sagte:
„Oh, Blut!“
Ich glaubte, er scherzte und fühlte mit dem Finger nach meiner Lippe, die etwas angeschwollen schien. Er hielt meine Finger fest und sagte:
„Nein, nein, warte!“
Er legte seine Hände über meine Ohren, drehte mein Gesicht zum Licht, um sich die verletzte Lippe anschauen zu können. Zumindest hatte es den Anschein, dass er genau das wollte, und es wäre ja auch gut gewesen. Doch bevor ich in seine Augen blicken konnte, um seine Absicht zu erkennen, fiel der Schatten seines Gesichts auf meines und er küsste mich.

9

Mein Vater war ein einfacher Soldat. Er konnte weder lesen noch schreiben. Als er seine Arbeit bei der Armee beendete, war sein Dienstgrad der eines Unteroffiziers. Er redete immer voller Hochachtung über seine militärische Vergangenheit und über seine Arbeit bei der Einheit, die König Saud begleitete. Sobald meine Mutter den Namen von Königs Saud hörte, erinnerte sie ihn hämisch an eine Liebesgeschichte; es ging dabei um eine Frau namens Hind. Sie war eine jener Palastdamen, die schwarze, dünne Seidentücher vor ihren Gesichtern trugen. Das, was man vom Gesicht wahrnehmen konnte, glänzte und versprach mehr Schönheit, als in Wirklichkeit vorhanden war.

Meine Mutter sagte: „Er nannte mir den Namen dieser Frau." Ich hörte diese Geschichte hunderte Male. Mein Vater stellte sie nie infrage, obgleich ich an ihrer Echtheit zweifle. Vielleicht gefiel diese Hind meinem gottesfürchtigen Vater, aber seine Gefühle gingen wohl kaum über einen heimlichen Blick der Bewunderung hinaus. Vielleicht gefiel ihm bloß der Name ‚Hind', der damals noch nicht so verbreitet war. Mein Vater freute sich, die seltene Eifersucht meiner Mutter zu spüren. Er glaubte, es sei ein Zeichen der Liebe, die meine Mutter ihm sonst nie zeigte. Er lächelte und sagte:

„Möge Gott dir den richtigen Weg zeigen, Heele. Warum dieses Gerede jetzt vor den Mädchen!"

Meine Mutter fand Liebesgeschichten einfach nur schamlos und lächerlich. Mein Vater, der verträumte Soldat, liebte solche Geschichten und trug sie gerne vor. Für ihn waren sie ein Teil jener wunderschönen Geschichten, die seit jeher überliefert wurden. Uns Kindern erzählte er von der harmlosen Liebe in seinem Dorf. Er fand nichts Schändliches dabei.

„Unser Dorf Leila“, sagte er mir, „ist der Ort von Qaiss und Leila, dem berühmtesten Liebespaar den arabischen Dichtung!“

„Was meinst du, Vater … könnte Leila Al-Amiria eine meiner Großmütter sein?“ fragte ich.

„Warum denn nicht, meine Tochter: dann wärst du eben eine Nachfahrin von Leila Al-Amiria!“

Ibrahim, der neben uns saß, schlug sein religiöses Buch „Weg der prophetischen Sunna für den Gelehrten Ibn Taimiyya“ auf und steckte seinen Kopf tief hinein. Er schüttelte verärgert den Kopf, weil mein Vater so unbefangen mit uns über Liebesgeschichten sprach. Schließlich wurde er so wütend, dass er von seinem Buch aufsah und schimpfte:

„Es ist keine Ehre für mich, ein Enkelkind Leila Al-Amirias zu sein. Nur die Irregeleiteten glauben den Dichtern … und ihr seid alle auf dem Irrweg!“

Ich wandte mich zu ihm hin und sagte:

„Wer sagt denn, dass du ein Enkelsohn von Leila Al-Amiria bist. Du bist ein Enkel des Lügners Musseilama, der sich als Prophet ausgab!“

Ibrahim sprang auf, stürzte auf mich zu und packte mich an den Haaren.

„Vater, hilf mir!“ schrie ich.

„Das geschieht dir Recht, du, mit deiner frechen Zunge!“ schaltete sich meine Mutter ein.

Mein Vater band sich oft ein leichtes, grünes Tuch um die Taille. Im Sommer zog er es vor, nur mit seinem Tuch bekleidet zu ruhen, ohne Unterwäsche darunter. Als er jetzt bei unserem Streit plötzlich aufstand, trat er versehentlich auf den Rand seines Tuchs, der Knoten löste sich und das Tuch rutschte beinahe vollständig zu Boden. Meine Schwester Awatif lachte. Mein kleiner Bruder Muhssin klatschte in seine Hände, da er dachte, wir spielten. Mein Vater schrie, während er sein Tuch wieder in Ordnung brachte und es mit seinen Händen festhielt. Muhssin zog daran, weil er mit Vater spielen und die Szene wiederholen wollte. Mein Vater stieß ihn mit dem Bein zur Seite und Ibrahim, der mir gerade in den Bauch trat, schrie er an:

„Lass sie, du Esel!"

Mein Vater bekam uns zu fassen. Er zog Ibrahims Hand aus meinem Haar und gab ihm einen kräftigen Stoß, so dass er gegen die Wand prallte. Ibrahim richtete sich auf und schrie meinem Vater ins Gesicht:

„Ihretwegen schlägst du mich? Du schlägst mich, und dabei bin ich der Mann im Haus!"

„Wenn du wirklich ein Mann wärest, dann hättest du nie eine schwache Frau geschlagen. Sie ist deine Schwester. Statt sie vor Unrecht zu beschützen, schlägst du sie!?"

Ibrahim ging hinaus, während er wütend vor sich hin murmelte:

„Warte nur ab. Ich werde es dir zeigen und ich werde es ihr zeigen!"

Meine Mutter tadelte Vater mit zusammengepressten Lippen:

„Ibrahim ist ein Mann von deiner Größe geworden, und du schlägst ihn wegen dieser frechen Göre!"

Mein Vater blickte zu Ibrahim hinüber und sah, wie er seine Jacke vom Kleiderhaken nahm, sie über die Schulter warf und wegging. Mein Vater sah nur noch Ibrahims Rücken und sagte mit Bedauern: „So ein dummer Kerl, was macht er denn da in meiner Gegenwart! Was wird er wohl erst machen, wenn ich einmal nicht mehr da bin!“

Mein Vater verließ die Armee Mitte der siebziger Jahre. In dieser Zeit begannen die Lebensumstände der Menschen in Saudi-Arabien sich zu verändern. Ölfackeln erleuchteten die dunklen Nächte in Riad. Das Ölgeld erhellte noch vor Sonnenaufgang selbst das letzte Dunkel und ließ am Tage die Glasgebäude erstrahlen und den schwarzen Asphalt der staubigen Straßen glänzen. Auf einmal floss viel Geld durch die Hände der Menschen und in seinem goldenen Schein glänzten die Träume von plötzlichem Reichtum.
Mein Vater war einer der vielen Abenteurer jener Zeit. Er eröffnete ein Immobilienbüro, wie schon viele andere vor ihm, die erkannt hatten, dass Riad ein riesiger Aufschwung bevorstand, vor allem was das Kaufen und Verkaufen von Grundstücken betraf. In jenen Jahren baute mein Vater zwei große Gebäude und eine stattliche Villa für unsere Familie. Nach zehn Jahren zählte er zu den Millionären, und wir bezogen ein großes, zweistöckiges Haus mit einem großen Garten.
Von nun an hatten wir ein Dienstmädchen und einen Fahrer. Das Haus lag im Al-Alia Viertel im Norden, eine bevorzugte Wohngegend. Damals gab es in diesem Neubauviertel nur wenige Häuser.

Sämtliche Verwandten tadelten meinen Vater wegen seines unüberlegten Schritts, da das Al-Alia Viertel nach wie vor einer Wüste glich, die von der alten Stadt abgeschnitten war. Wir hatten früher im Habbunia-Viertel im Süden gewohnt, wo die Häuser dicht bei dicht standen, wo auch die meisten unserer Verwandten lebten und alle einander kannten. In unserem neuen Viertel kannten wir nur wenige der Nachbarn, die alle vornehme Leute waren und in großen Palästen wohnten. Einige von ihnen waren vor dem Aufschwung der siebziger Jahre arm gewesen oder hatten in der Pilgerzeit nicht mehr als einen kleinen Geldwechslerstand gehabt und davon gelebt. Jetzt waren sie Besitzer großer Banken oder bekannter Firmen und Betriebe in Riad. Manche waren mittlerweile hohe Beamte im Staatsdienst geworden. Von Al-Alia ging damals ein ganz besonderer Glanz aus, es erstrahlte in einem Licht von Geld und Ruhm. Mein einfacher Vater, der aus Al-Habbunia im Süden der Stadt kam und lediglich den Rang eines ersten Unteroffiziers innehatte, war hier eher eine Ausnahme.
Nach zehn Jahren war Al-Alia bereits dicht besiedelt und lag mitten in Riad, während der Süden weit entfernt und schwer erreichbar war. Unsere Verwandten sahen wir nun fast nur noch bei den wenigen Hochzeiten oder anderen familiären Anlässen. Da die Mädchen nicht mehr früh heiraten wollten, wurde der Satz „das Mädchen möchte erst sein Studium beenden" zu einer gängigen und weit verbreiteten Floskel, die den Eltern als Ausrede diente - insbesondere auch dann, wenn ein unerwünschter Bräutigam vorstellig wurde.

Das gütige Herz meines Vaters liebte seine Töchter, im Gegensatz zu meiner Mutter, die ihre Söhne bevorzugte. Es wäre sicher möglich gewesen, mit meinem Vater über meine Ehe zu sprechen, wenn damals nicht jene Geschichte passiert wäre, die mir förmlich das Rückgrat brach und mich in meinem unversöhnlichen Kampf gegen meine Mutter wehrlos auslieferte. Diese Geschichte lieferte mich ihrem Neffen Manssur aus, weil Mutter genau wusste, dass er bestens dazu eignete, das Erbe ihrer grenzenlosen Macht über mich anzutreten.

Die ständigen Auseinandersetzungen zwischen meinen Eltern boten uns Kindern die einzige Möglichkeit zur Flucht in die Freiheit. Wenn sie sich stritten, war es für mich und für meine Schwestern, Awatif und Maschael, ein Leichtes, von meinem Vater die Erlaubnis für einen Besuch im Basar zu erbetteln. Anfangs lehnte meine Mutter es ab, uns zu begleiten – wegen ihres Streits mit meinem Vater. Unsere Freude darüber sollte nie lange währen. Sobald wir ins Auto einsteigen wollten, hatte sie schon ihren Niqab angelegt und folgte uns. Sie nahm dann auf dem Rücksitz Platz, weil sie nicht gerne neben meinem Vater saß, wenn sie mit ihm einen Streit hatte. Wenn wir dann angekommen waren und aus dem Auto steigen wollten, flüsterte sie uns zu:

„Sag ihm, er soll uns Geld geben!"

Wenn ihm dann eine von uns die Bitte meiner Mutter vortrug, antwortete er so laut, dass sie es hören konnte:

„Wie? Nach so schlechtem Benehmen auch noch Geld?!"

Er setzte uns am Rande des Bazars ab, trat auf das Gaspedal und fuhr los. Wir unterdrückten unser heimliches Lachen über unsere Mutter, denn sie genoss bei diesen Auseinandersetzungen mit meinem Vater natürlich nicht unsere Sympathie. Sie war davon überzeugt, dass er sie aus Trotz ärgern, demütigen und klein machen wolle, damit sie dann seinem Verlangen - vor allem dem Nächtlichen - nachkommen würde, das bei ihm trotz zunehmenden Alters nicht geringer geworden war. Manchmal musste sie ihm ohne aufzumucken gehorchen. Wollte sie eine goldene Kette oder einen neuen Kühlschrank kaufen, wusste sie, dass sie die Zügel lockern musste; sie durfte ihn dann nicht hart behandeln, musste Konfrontation und Widerspruch vermeiden. Sie war nicht wie andere Frauen, die stets wissen, wie sie ihre Männer fesseln können. Seit sie ihn geheiratet hatte wurde ihr Körper immer härter, hart wie ein Brett. Sie wünschte sich, ihn eines Tages damit erschlagen zu können. Er war der Mann, der ihr die Kindheit, ihr Dorf, ihre Freundinnen und ihre Unschuld entrissen hatte. Sie verzieh ihm nie, was er ihr angetan hatte. Nie vergaß sie die erste Nacht, in der er sie an Händen und Füßen gefesselt hatte, um dann über sie herzufallen wie es die Geister des Brunnens taten, die in ihrem Dorf Leila Angst und Schrecken verbreiteten. Die ganze Nacht lang hatte er sie vor Angst zittern lassen, bis ihr alle Knochen schmerzten. In jener Nacht schwor sie sich, ihn deswegen zeitlebens zu hassen und zu bestrafen.

Sie musste sich ihm jedes Mal unterwerfen, wenn eine Verwandte von ihr Hochzeit feierte; denn dafür brauchte sie ein neues Kleid oder eine Goldkette von 24 Unzen. Es ging ihr gar nicht um Kleider und Gold. Nein, es ging ihr nur darum, sich vor ihren weiblichen Verwandten zu schützen, die jede Frau verspotteten, deren Hände oder Hals nicht mit schwerem Gold geschmückt waren. Fehlender Schmuck an Händen und Hals einer Frau galt diesen Verwandten als sicheres Zeichen dafür, dass sie bei ihrem Ehemann nur ein geringes Ansehen hatte und ihm wenig wert sei. So eine Frau, sagten sie, würde tagsüber wie ein Dienstmädchen oder eine Sklavin leben und nachts bestiegen. Und dafür bekäme sie nicht einmal eine Goldkette! Heele befürchtete, die Verwandten könnten den bitteren Zwist aufdecken, den sie ständig mit Osman durchlebte. Sie tat alles, damit die Verwandten ja nicht auf die Idee kämen, es fehle ihr an seiner Wertschätzung. Auf jeden Fall galt es zu verhindern, dass hinter ihrem Rücken über sie getratscht oder ihr falsches Mitleid entgegengebracht würde, wie man es nämlich mit anderen Frauen tat. Die Flut der Verleumdungen wurde dann gewöhnlich mit dem Satz eingeleitet: ‚Ach, die Arme, sie hat wenig Glück!'

Heele nahm jede Gelegenheit wahr, sich mit einem großen Schmuckstück aus 24-karätigem Gold zu zeigen. Von Zeit zu Zeit wurde er erneuert. Die Zeiträume hingen vom Umfang ihres jeweiligen Streites mit Osman ab; auf jeden Fall musste sie den Schmuck mit einer Nacht als Gegenleistung bezahlen. In solch einer Nacht drehte sie ihren Kopf zur Wand und widersetzte sich hartnäckig ihrem

Magen, der sich umdrehte und sie fast erstickte, sobald er den Geruch Osmans wahrnahm, wenn der sich ihr näherte. Sie nahm all ihre Geduld zusammen und wartete, bis er fertig war. Dann ging sie in das Bad nebenan und erbrach ihr Abendessen. Osman drehte sein Gesicht zur Seite, bat Gott um Verzeihung und murmelte: es gibt keine stärkere Macht außer Gott. Aber der Mann in ihm streckte ihm die Zunge heraus und sagte: du Esel, sie liebt dich einfach nicht. Er widersprach hartnäckig, obwohl er wusste: der Mann in ihm hatte recht. Osman wagte es nicht, sich mit diesem Eingeständnis zu konfrontieren. Er besaß nicht den Mut, die in der Konsequenz notwendige Entscheidung zu fällen. So beschimpfte er nur sich selbst: du Esel, bei Gott! Esel, den deine Mutter gebar! Danach schlief er zufrieden ein – ruhig, wie jede Nacht, ganz gleich, was passiert sein mochte.

10

Wer hat uns an jenem Tag verraten? War es ein unglücklicher Zufall, oder war es die Freundin meiner Mutter, die uns Mädchen gerne belauschte? Bei solchen Gesprächen tauschten wir, die Mädchen in unserer Verwandtschaft, einige zulässige Geheimnisse aus. Wir plauderten beispielsweise über einen gut aussehenden Mann, der gerade an uns vorbeigegangen war, oder über die Persönlichkeit eines bekannten Mannes der Gesellschaft. Ab und zu versuchten wir sogar, einen solchen Mann anzurufen, nur um herauszufinden, ob er wohl wie alle Männer gern mit anderen Frauen flirtete und die eigene betrog. Wir freuten uns immer auf das Ergebnis, das immer das Gleiche war. Wir glaubten, wir würden ihn bloßstellen, wenn er auf uns einging. Wir fühlten uns als vernünftige Mädchen und sagten immer wieder: so sind die Männer halt. Sie sind Betrüger, die nicht einmal der Stimme eines Weibes widerstehen können. Die Männer lieben nun einmal das Flirten und reden gerne mit Frauen! Wir Mädchen erzählten uns auch Geschichten über junge Männer, die uns nach der Schule oder im Basar hinterher liefen. Zum Beispiel die Geschichte, als ein junger Mannes einem von uns Mädchen einen Zettel mit seiner Telefonnummer ins Auto warf; sie ihn daraufhin ausschimpfte, was er wiederum mit einer lustigen Bemerkung quittierte.

Unsere neckischen, pubertären Geschichten stellten uns allerdings gelegentlich auch selbst bloß. Manchmal aufgrund von Konkurrenz und Eifersucht unter uns Mädchen oder unseren Familien – und manchmal auch, weil eine ältere Schwester uns belauschte und uns bei unseren Müttern verpetzte. An jenem verhängnisvollen Tag schaffte es eine Freundin meiner Mutter, ihr, der ohnehin ewig mies gelaunten, die Laune endgültig zu verderben. Jene Freundin, eine Frau mit pockennarbigem Gesicht und schielenden Augen, tratschte eine Verleumdung ihrer Tochter weiter, in der auch ich vorkam. Für meine Mutter war das so, als wäre plötzlich ein lange vor ihr verborgenes Geheimnis aufgedeckt worden. Am Ende sagte die Freundin: „Achte auf deine Tochter Hind! Gott möge sie schützen!"

Meine Mutter musste mit Erstaunen feststellen, dass ihr trotz all ihrer hinterlistigen Vorkehrungen offenbar einige Dinge entgangen waren. In ihrem engstirnigen Denken kam sie zu der Überzeugung, dass in Wirklichkeit alles noch viel schlimmer sein musste, als ihre Freundin es ihr geschildert hatte. Das versetzte ihr einen heftigen Stich, weil es all ihrer Erfahrung, Schlauheit, Macht und Autorität widersprach. Diesen Fehler wollte sie sich nie und nimmer verzeihen. Sie wurde von einer derart heftigen Wut erfasst, dass sie nicht mehr fähig war, sich den Rest der verleumderischen Geschichte über die anderen Mädchen anzuhören. Hätte sie bis zu Ende zugehört, hätte sie gemerkt, dass ich bloß eine schwache Komparsin auf der Bühne eines großen Zeitvertreibtheaters war. So entschloss sich meine Mutter, früher als verabredet zu dem Vergnügungspark zu gehen. Ihrer Freundin wollte sie natürlich beweisen, dass sie nicht erst bis zum Abend warten würde um entsprechend zu handeln – nach allem, was man ihr gerade über mich zugetragen hatte. Wutentbrannt machte sie sich auf, um mich zu suchen. Vom Rauch ihres Zorns vernebelt, konnte sie nicht mehr klar sehen.

An jenem Donnerstagnachmittag hatten Modi und ich uns im Vergnügungspark verabredet, um von dort aus in das Cafe gegenüber des Parks zu gehen und dort die beiden anderen zu treffen. Modi und ich verließen also gemeinsam den Park, überquerten die Straße und liefen bis zum Café. Dort warteten sie auf uns: Modis Freund und der Mann, den ich liebte. Wir saßen in der Familienabteilung an zwei getrennten Tischen, ich und er an dem einen, Modi und ihr Freund an einem anderen Tisch. Zwischen den Tischen waren Trennwände aus Holz. Zum ersten Mal erlaubte ich mir, in seine Augen zu schauen – ich war glücklich! Ich konnte ihn förmlich mit den Augen hören! Ich genoss den Anblick seines schönen Gesichts und schäme mich heute auszusprechen, was ich damals empfand: dass ich ihn liebte!
Zum ersten Mal fühlte ich mich glücklich, ohne Angst zu empfinden. Mein Gespräch mit ihm wurde länger und länger. Wir sprachen immer leiser miteinander, und er sagte:
„Du siehst aus wie die ägyptische Schauspielerin Leila Al-Alawi. Ich habe sie in einem Videofilm gesehen!"
„Und du Ragheb Allama, dem libanesischen Sänger." sagte ich.
Er lachte und sagte:

„Magst du Ragheb Allama?“
„Ich sterbe für ihn!“ Ich blickte auf meine Uhr und mein Herz begann wie wild zu schlagen. Ich stand auf und rief Modi durch die Trennwand zwischen unseren Tischen zu:
„Oh Gott! Modi, es ist schon sieben Uhr!“
Ihre Stimme kam hinter der Trennwand hervor, wobei ein lauter Kuss ihren Satz in zwei Teile teilte: „Beruhige dich, du verrücktes Huhn – es ist noch früh!“
„Vielleicht für dich, meine Liebe! Wenn du jetzt nicht mitkommst, gehe ich allein!“
Hastig lief ich los. Modi hörte das Klappern meiner Schuhe auf dem Holzboden des Cafes und folgte mir. Mir fiel ein, dass ich mich von dem Mann, den ich liebte, gar nicht verabschiedet hatte. Aber die Zeit war so schnell vergangen und ich hatte Angst, meine Mutter würde meine Abwesenheit entdekken, und so rief ich ihm nur völlig verwirrt zu:
„Auf Wiedersehen Ragheb!“
Modi blickte zu dem Mann hinüber, den ich liebte, und lachte laut:
„Heißt du jetzt Ragheb?“
Ich hörte, wie alle drei lachten, und mein Herz flatterte.

Ich ging durch das Tor des Parks. Meine Mutter stand da wie eine Dampfmaschine, aus deren Schornstein der Dampf zischte, den ihre glühend heißen Nerven von sich gaben. Sie wartete auf mich und war sich nun sicher, dass ich den Park verlassen hatte. Es schien mir fast, als freute sie sich richtig, als sie mich erblickte. Ihre Vermutungen hatten

sich also bewahrheitet – jetzt hatte sie endlich einen Beweis gegen mich in der Hand. Deshalb war sie auch nicht überrascht, als ich den Park betrat. Mein Betrug schmerzte sie offensichtlich nicht besonders. Sie sah fast so aus, als würde sie sich triumphierend auf ein Festmahl freuen. Sie ging auf mich los, so dass ich mit ihr zusammenstieß. Ohne Warnung zog sie mich an den Haaren und ohrfeigte mich vor allen anderen Leuten. Ich schrie, was wiederum eine andere Frau aufschreien ließ, dann hörte ich die Leute sagen: die Arme … die kann einem nur leid tun!
Sie sagte keinen Ton und knirschte vor Wut mit den Zähnen. Ich hörte, wie sie laut atmete und aufseufzte. Wieder schrie ich so laut, dass die Leute um uns herum stehen blieben. Ich schämte mich dafür und unterdrückte dann mein Schreien. Ich biss die Zähne zusammen und stöhnte nur leise. Die Tränen liefen mir über das Gesicht, während Modi sich aus dem Staub machte.

„Du schamlose Göre, würde Gott dich doch zu sich nehmen und mir die Sorge für dich abnehmen!"
Mit diesem Satz stieß mich meine Mutter nach unserer Rückkehr aus dem Park in den großen Frauenempfangsraum und schloss die Tür ab. Sie riss mir das Kleid vom Leib, weil es keine langen Ärmel hatte und warf meinen seidenen Schal in den Abfalleimer. So hielt mich meine Mutter in diesem Zimmer im Erdgeschoss regelrecht gefangen. Sie schloss die Tür ab und verbot meinen Geschwistern mich zu sehen oder mit mir zu sprechen. Sie verbot ihnen sogar, sich vor meiner Tür aufzuhalten. Zum

Glück waren Sommerferien, sonst hätte sie mir sicher auch noch verboten, zur Schule zu gehen. Diese Sommertage waren für mich schrecklich lang und langweilig. Ich saß ganz allein in einem verschlossenen Raum ohne Telefon, ohne Geschwister und ohne Modi, an die ich dachte und mit der ich in Gedanken lachte. Meine jüngeren Schwestern Awatif und Maschael hatten Mitleid mit mir. Durch das Fenstergitter reichten sie mir Popcorn-Tüten, Pepsi-Flaschen und Kitkat-Schokolade. Ich bat sie, mir Zeitschriften zu bringen, damit ich mir die Zeit vertreiben könnte, bat sie um ein Heft und einen Stift.

Ich versuchte, die kleinsten Kleinigkeiten meines Rendezvous' auszuwälzen. In Gedanken flüchtete ich aus dem Gefängnis des Zimmers in die Erinnerung an jene Begegnung. Diese Erinnerung war meine Nahrung in der Dunkelheit dieser langen Tage. Ich vertrieb mir die Zeit damit, mir alle Details, die ich mit ihm erlebt hatte, ins Gedächtnis zu rufen. Ich genoss langsam und ohne Angst das Gesicht des Mannes, den ich liebte, seine Worte, seine Witze und seine Andeutungen. Woran erinnerte ihn Salma Al-Hayek, die verführerische Schauspielerin, die sich in jeder Szene halb nackt zeigt? Meinte er nur ihr Gesicht oder auch andere Körperbereiche von ihr? Ach, wenn wir mehr Zeit gehabt hätten, hätte er sie bestimmt benannt! Ich vergrub das Gesicht in meinen Händen und schämte mich für das, was er sich vielleicht vorgestellt hatte und vielleicht noch ausgesprochen hätte. Manchmal schlief ich dabei ein und träumte von

ihm. Jedes Mal, wenn mich die Langeweile überfiel, legte ich das Video der Erinnerung ein und schaute es mir an. Ich vervollständigte fehlende Szenen mit Worten, die ich in meiner Vorstellung richtig laut hörte. Manchmal stand ich auf und ging im Zimmer umher. Dabei imitierte ich ihn und sprach aus, was vielleicht noch hätte gesagt werden können, was noch hätte passieren können. Ich verbesserte unvollständige Szenen, wie zum Beispiel die Abschiedssituation: ruhig und gelassen stünde ich dann auf, streckte ihm meine Hand hin und sagte:
„Gut, jetzt muss ich aber gehen."
Er würde antworten:
„Nein, nein, jetzt sei doch nicht so. Bleib noch ein bisschen sitzen!"
Er würde meine Hand in seiner halten, während ich fühlte, wie sie heißer und heißer würde. Er drückte sie fest. Ich zöge meine Hand weg, aber er würde meine Finger festhalten. Vielleicht macht er das immer so? Plötzlich flüsterte er:
„Komm, ich werde dir ein Geheimnis verraten!"
„Willst du mir etwas vormachen? Machst du das immer so?"
„Nein, bei Gott. Ich möchte nur, dass uns niemand hört!"
Dann würde er seinen Kopf unter meinen schwarzen Seidenschal stecken, unsere Gesichter mit ihm verdecken und mich küssen.

Zwei Tage später stritten meine Eltern miteinander. Mein Vater warf meiner Mutter vor, krankhaft misstrauisch zu sein und alle im Haus zu verurteilen, allen zu misstrauen, obgleich sie unschuldig seien. Auch ihn beträfe ihr Misstrauen. Im ganzen Leben sei sie nie mit irgendjemandem zufrieden gewesen, und schon deshalb sei ihr Misstrauen mir gegenüber fehl am Platz. Als mein Vater die Zimmertür aufschloss, vermied er es, mir in die Augen zu schauen. Meine Mutter verhielt sich ruhig. Nur wenn er wütend war, bekam sie Angst vor ihm. Und das war nur selten der Fall.

Ich war mir nicht sicher, warum mein Vater so handelte. Hatte er wirklich Zweifel an der Geschichte, die ihm meine Mutter über mich aufgetischt hatte? Oder mochte er es einfach nicht glauben? Oder hatte er einfach Mitleid mit mir, weil die Strafe so hart ausgefallen war?

In den Tagen meiner Gefangenschaft entdeckte ich, dass das Schreiben eine schöne und einfache Tätigkeit war, die mich in eine Welt versetzte, die ich mit anderen Menschen teilte, Menschen, die ich mir selbst aussuchte, die mich liebten und die ich liebte. Mit dem Schreiben baute ich mir eine unzugängliche Höhle, die niemand betreten und nach ihren Geheimnissen durchsuchen konnte. Sie war durch geheime Chiffren geschützt, die niemand außer mir entziffern selbst, denn meine Eltern konnten kaum lesen.

Ohne meine Freundin Modi und ohne mein schwaches Herz wäre das alles nicht passiert.

Als ich noch in der Pubertät steckte, plante Modi alles für mich. Sie richtete es so ein, dass ich den Mann kennen lernen konnte, den ich dann auch liebte; und später nahm sie es in die Hand, dass ich mich mit ihm treffen konnte.

Sechs Monate, nachdem wir uns kennen gelernt hatten, traf ich den Mann, den ich liebte, persönlich – nur einmal an jenem Nelkenabend. Modi hingegen verabredete sich oft mit ihrem Freund im Elternhaus. An manchen Abenden kam er zu ihr, und sie ließ ihn in ihr Zimmer ein, so dass sie die ganze Nacht zusammen verbringen konnten. Einmal flüsterte sie mir in der Schule zu, dass sie den Mann, den sie liebte, schlafend in ihrem Zimmer zurückgelassen hatte. Die innigen Küsse und heißen Streicheleien - wobei nur ihr Jungfernhäutchen nicht angetastet werden durfte - hätten ihn so müde gemacht. Obwohl sie einander heftig begehrten, achteten sie stets darauf und hielten sich an diese Einschränkung. Sie wusste genau, dass ihre Familie hier nicht die geringste Toleranz zeigen würde und sie am Ende sogar mit Sicherheit dafür töten würde. Sollte ihr zukünftiger Mann jemals davon erfahren, würde er sie bloßstellen und verstoßen. Ihr Freund konnte sich dieser Selbstbegrenzung nur deshalb unterwerfen, weil auch er ihre Familie fürchtete, die einem einflussreichen und mächtigen Beduinenstamm angehörte. Für diese Familie wäre Blutrache die einzig akzeptable Antwort, um eine derartige Schande zu rächen. Der Morgen überraschte Modi und ihren Freund; sie hatten nicht gemerkt, wie die Zeit vergangen war. Also schloss sie ihre Zimmertür ab und ging zur Schule.

Modi besaß ungewöhnlichen Mut. Wir anderen Mädchen konnten da nicht mithalten. Sie konnte ihn zum Beispiel schlafend in ihrem Zimmer lassen und sich unten zu ihrer Familie setzen, ohne auch

nur mit der Wimper zu zucken. Ich dagegen wurde mehr als einmal von meiner Mutter bei ganz harmlosen Kleinigkeiten erwischt. Ein einziger Blick in meine Augen schien ihr zu verraten, mit wem ich gerade am Telefon sprach: mit einem Mann oder einer Frau. Einmal stellte ich mich ziemlich geschickt an, als meine Mutter überraschend das Männerwohnzimmer am Ende des Hauses betrat, während ich noch mit dem Mann telefonierte, den ich liebte. Ich brach zwar sofort das Gespräch ab, sprach aber einfach weiter, um meiner Mutter den Eindruck zu geben, dass ich mit meiner Freundin telefonierte: „Ja, Modi, und dann?" Meine Mutter riss mir den Telefonhörer aus der Hand und hielt ihn sich selbst ans Ohr. Als sie nur das Tuten des Telefons und keine Stimme in der Leitung hörte, merkte sie, dass das Gespräch abgebrochen worden war. Sie warf mir den Hörer ins Gesicht, der daraufhin zu Boden fiel. Sie blickte mich durchdringend an. Ich sagte:
„Das war Modi. Sie hat aufgelegt, weil sie Angst vor dir hat!"
Meine Mutter verließ das Zimmer, wobei sie laut vor sich hin schimpfte, dass alle Mädchen dieser Welt ab sofort mit einem kurzen Leben bestraft gehörten.

Modis Nerven waren aus Stahl, ganz im Gegensatz zu meinen. Denn in den Sommerferien, wenn ihre Brüder lange wach blieben, oft bis vier Uhr morgens, war es ihr unmöglich, ihren Liebsten nachts in ihr Zimmer zu schmuggeln. Sie schlug ihm vor, sich wie eine Frau zu kleiden, mit Abaya und Gesichtsschleier, und einfach an der Tür zu klingeln. Sie würde ihn dann als vermeintliche Freundin einlassen.

Und tatsächlich kam der Mann, den sie liebte, und klingelte bei ihr, nachdem der ihn der Mann, den ich liebte, dorthin gebracht hatte und dann weitergefahren war. Modi öffnete die Haustür und erzählte ihrer Mutter und ihren Schwestern, die gerade im unteren Wohnzimmer, das sich in der Mitte des Hauses befand, ihren Tee tranken, dass sie mit ihrer Freundin nach oben in ihr Zimmer im zweiten Stock gehen wollte. Der Mann, den sie liebte, lief an der Familie vorbei und ging die Treppe hoch. Sein Gesicht war von schwarzem Tuch verdeckt und seine schwarze Abaya war so lang, dass er beinahe damit gestolpert wäre. Vor der letzten Stufe freute er sich, dass alles geklappt hatte und beeilte sich. Aber da rutschte er aus und stolperte ausgerechnet über diese letzte Stufe. Modis lautes Lachen hallte vom Marmorfußboden der oberen Etage wider. Ihre Mutter rief von unten:

„Was ist los bei euch?"

„Nichts, meine Freundin ist nur gestolpert!"

Die beiden gingen in ihr Zimmer und tauschten ihre üblichen Liebesworte aus. Der Mann, den sie liebte, zog seinen Umhang und seinen Burnus aus und hängte sie am Kleiderhaken auf; sie sollten glatt bleiben und nicht zerknittern. Er legte sich aufs Bett und bat um Tee. Modi versuchte das Dienstmädchen über das Haustelefon anzurufen, aber es antwortete nicht. So verließ Modi das Zimmer, schloss die Tür hinter sich ab und hängte den Schlüssel an den Haken. Sie lief beschwingt und glücklich die Treppe hinunter zur Küche. Die Familienrunde im Wohnzimmer hatte sich schon aufgelöst, und ihre Mutter saß allein beim Fernsehen. Da sie Modi nach geraumer Zeit vermisste, stand sie auf und ging die Treppe hoch zu Modis Zimmer. Es war ihr nicht ganz geheuer, als sie Modis Zimmertür abgeschlossen fand und den Schlüssel am Haken hängen sah.

Als Modi zu ihrem Zimmer zurückkam, fand sie die Tür nicht mehr verschlossen. Ihr Freund fragte sie:

„Hattest du eben die Tür aufgeschlossen?"

Modis Herz fiel auf den Marmorboden und zerbrach in tausend Stücke. Sie hatte Angst, dass ihre Mutter diejenige gewesen war, die die Tür geöffnet hatte. Als sie nämlich eben mit dem Tee nach oben gegangen war, hatte sie jedenfalls nicht mehr vor dem Fernseher gesessen - oder war es vielleicht doch das Dienstmädchen gewesen, das die Tür aufgemacht hatte?

Das Haustelefon klingelte. Modi nahm den Hörer ab, ihre Kehle war ganz trocken und sie hörte fast auf zu atmen. In der Leitung hörte sie die Stimme ihrer Mutter; schwach und erstickt, aber sehr entschieden sagte sie:

„Schaff ihn aus deinem Zimmer, sofort!"

Modis Mutter verbrachte danach mehrere Tage im Bett. Ihren Söhnen gegenüber behauptete sie, sie sei krank. Sie weigerte sich, mit Modi auch nur ein Wort zu wechseln. Modi erkannte, dass ihre Mutter durch den Schock regelrecht zusammengebrochen war. Sie weinte zu Füßen ihrer Mutter und küsste sie:

„Mutter, bitte steh auf, spuck mir ins Gesicht, töte mich, aber bitte sag mir wenigstens ein einziges Wort … bitte!"
Ihre Mutter sprach einen Monat lang kein einziges Wort mit ihr. Sie konnte wirklich nicht mehr reden. Sie war voller Furcht und Schrecken bei dem Gedanken, was mit ihrer Tochter, einer Halbwaise, die sie sehr liebte, hätte passieren können, wenn einer ihrer Brüder die Tür geöffnet hätte. Sicher hätte er nicht nur seine Schwester sondern auch den Freund getötet. Dann wäre er jetzt bestimmt im Gefängnis und würde vielleicht sogar hingerichtet. Panische Angst ergriff sie bei der Vorstellung, sie hätte möglicherweise gleichzeitig ihre Tochter und ihren Sohn aufgrund einer Entehrung verloren, falls ein anderer und nicht sie selbst Verdacht geschöpft und nachgeschaut hätte. Die Mutter war sich darüber im Klaren, dass ihr jetzt die Hände gebunden waren. Einerseits konnte sie ihren anderen Kindern nichts davon erzählen, andererseits aber auch nicht akzeptieren, was geschehen war. Und so schwieg sie – aus Angst und aus Furcht und aus Zorn!
Tag für Tag verlor Modi mehr an Glanz, während sie stets zu Füßen ihrer Mutter saß. Sie weinte, bat ihre Mutter inständig, doch aufzustehen und sie zu bestrafen; aber ihre Mutter schwieg weiter und erstickte fast vor Angst.

Modi vertraute mir an:
„Ich wünschte, meine Mutter würde mit mir so umgehen, wie deine mit dir – wenn sie nur wieder mit mir reden würde!"

11

Schatha kam ins Büro. Sie sah den grünen Zettel und fragte mich:
„War er hier?“
Ich schaute auf den Zettel in ihrer Hand und wusste, wen sie meinte: natürlich den Schreiber des Zettels. Ich sagte:
„Ja. Er hinterließ diese Nachricht für dich.“
Sie las das Papier und sagte:
„Ach, wie schön!“
Dann nahm sie das Telefon und sprach:
„Liebling, wie geht's dir? Du bist vorbeigekommen und ich war nicht da. Ich war auf einem Rundgang bei den Patienten. Bist du noch im Krankenhaus? Gut, dann komm doch jetzt noch vorbei. Hind hat ausgezeichneten Kaffee, alle bezeugen das. Es gibt keinen Besseren! Sein wunderbarer Duft lässt sogar die Vögel vom Himmel herabstürzen. Bis gleich!“
Ich schaute sie an und sagte:
„Ach, deshalb schminkst du dich also den ganzen Morgen lang … du denkst wohl, ich koche den Kaffee extra für deine morgendlichen Rendezvous, Frau Schatha!?“
„Das wirst du schon machen, auch wenn du nicht gerade begeistert bist.“ meinte sie.
Ich antwortete ihr lachend:
„Bei Gott, du bist wirklich eine Frau mit Feingefühl und Stil!“
Kaum hatte ich meinen Satz zu Ende gesprochen, klopfte es an der Tür und herein kam derselbe junge Mann, der schon vor einer Stunde nach Schatha gefragt hatte. Ich stand auf, um die beiden

allein zu lassen, aber Schatha zog mich wieder an meinen Platz zurück und sagte:
„Was denn? Spielen wir Räuber und Gendarm?"
„Lass mich, Schatha, du weißt, wo der Kaffee ist, und die Datteln sind im Korb unter dem Tisch!" sagte ich.
„Gieß uns den Kaffee ein. Ich mache dich bekannt mit Herrn Walid."
„Willkommen, Walid."
„Seid auch gegrüßt! Du bist doch die Leserin dieses Romans!"
Ich dachte mir nur, ach du lieber Himmel, auch das noch! Und laut sagte ich:
„Da geht es also schon wieder um den Roman!"
„Welchen Roman?" fragte Schatha.
„Jesus wird wieder gekreuzigt", sagte Walid.
„Nicht so laut!" sagte ich.
Beide lachten. Walid fragte mich mit leiser Stimme:
„Warum?"
„Unsere Leute hier erkennen die Geschichte mit der Kreuzigung nicht an, und du wiederholst den Titel sogar zweimal in aller Öffentlichkeit!?"
„Deine Freundin ist sehr sympathisch, Schatha." meinte Walid.
„Und dazu auch noch sehr gebildet. Sie liest den ganzen Tag lang Bücher, mal ‚Jesus wird wieder gekreuzigt', mal ‚The diary of an existentialist' oder auch die ‚Chronik eines angekündigten Todes' ", warf Schatha ein.
„Wen magst du denn lieber: Colin Wilson oder Kazantzakis?" fragte mich Walid.
„Eher Kazantzakis!"
„Kazantzakis vertritt eine ruhige, liebevolle Philo-

sophie, während Colin sich Wilson mit außergewöhnlichen philosophischen Fragen beschäftigt. Beide beschäftigen sich auch mit Gott. Colin Wilson will hoch hinauf zu ihm, sich neben ihn setzen und mit ihm diskutieren. Kazantzakis hingegen sitzt gerne in Gottes Wald, um seine Schöpfung zu betrachten."

„Was sagt man wohl dazu? Da hast du jemanden gefunden, mit dem du deine Bücher diskutieren kannst, besser als mit mir!" rief Schatha dazwischen.

Als er ging, fragte mich Schatha:

„Wie findest du ihn?"

„Ein netter junger Mann. Gott schenke dir Erfolg!"

Schatha lachte und sagte:

„Viel Erfolg – für wen denn, du Dummchen?! Walid ist mein Bruder, Sohn meines Vaters und meiner Mutter! Er arbeitet im Ingenieurbüro des Krankenhauses, in dem Gebäude dort nebenan. Er kam hierher, weil er einen Termin beim Arzt hatte."

Soll ich ihm nun hinterherlaufen und ihn zurückholen, um ihm von neuem zuzuhören? Wie kann ich nur die Worte festhalten, die er gerade gesprochen hat, kann ich sie wieder erwecken, über ihre tiefere Bedeutung nachdenken? Mir schienen seine Worte eine Seelentiefe und eine Frische zu haben, wie sie wohl unter der Oberfläche eines ruhigen Flusses strömt. Ist das seine Stimme, die ich in mir klingen höre, so ruhig wie die Schritte eines Spaziergängers auf einem grünen Waldweg?

Mein Herz schrie so laut, dass ich hören konnte, wie sich sein Echo am nördlichen Tuweeq-Gebirge brach, in den Himmel aufstieg und neue Luft in sich aufsog.

„Dein Bruder?!"
Gahier kam plötzlich herein. Wir schwiegen. Schatha nahm eine Zigarette aus ihrer Tasche und während sie Gahier den Rauch ins Gesicht blies, sagte sie:
„Grüßen ist ein Gebot des Propheten, Schwester!"
Gahier antwortete nicht, sondern starrte Schatha nur mit einem zornigen Blick an. Dann holte sie etwas aus ihrer Schublade und ging hinaus.
Ich sagte lachend:
„Hör auf, Schatha, provoziere sie nicht zu sehr!"
„Nimm keine Rücksicht auf sie. Sie hat sich ja schon bei der Chefin über meine Zigaretten beschwert. Ich soll jetzt mein eigenes Büro bekommen. Mir wurde schon das kleine Zimmer gegenüber der Station vier versprochen. Sobald es eingerichtet ist, können wir beide dorthin umziehen. Siehst du!? Des einen Freud - des anderen Leid! Dann hast du mit dieser Pilgerin Gahier und ihrer Art nichts mehr zu schaffen. Egal, wo sie steckt. Ich habe gehört, dass sie einen muslimischen Arzt aus Pakistan liebt. Er arbeitet im Labor und sie verbringt ganz viel Zeit in der Nähe seines Büros. Kennst du das Sprichwort: ‚Stille Wasser gründen tief'?!"
„Das darfst du doch nicht sagen, Schatha. Du ziehst über die Leute her, als wärst du eine klatschsüchtige Hausfrau!"
„Wie du willst, meine Liebe. Bleib du nur bei deinem Buch und deinem Freund Casanova!"
„Schatha! Er heißt Kazantzakis. Casanova - der könnte dein Freund sein!"

12

Meine Mutter teilte mir mit:
„Manssur will kommen, und May abholen; er will mit ihr zu seiner Mutter nach Zelfi fahren."

Ich ging in mein Zimmer, um mich umzuziehen und etwas auszuruhen. Ich stellte den Kassettenrecorder an und schlief bei der Musik ein. Die Musik rieselt über meine Rippen wie ein Wasserfall und reinigt mich, sie nimmt mich mit zu einem Fluss, der sich in die Weite erstreckt und in die Höhe führt, bis er sich mit den weißen Wolken vereinigt. Ich gehe durch eine alte Gasse, die ich schon seit meiner Kindheit kenne. Dort betrachte ich die Gebäude des alten Vorortbasars, der mir so vertraut ist.
Als ich noch klein war, kam ich oft mit meiner Mutter hierher. Sie kaufte hier immer ein und war dann mit Tüten und Taschen voll beladen. Sie bezahlte immer nur die Hälfte des Preises, den der Verkäufer am Anfang verlangt hatte. Sie kaufte Cremes, Haarspangen für uns Mädchen und Henna für ihr eigenes Haar. Oftmals kaufte sich auch Tabletts für Teetassen – solchen Tabletts konnte sie einfach nicht widerstehen. Sie kaufte Stoffe für die Hochzeit von Turfa, meiner Cousine väterlicherseits. Und für mich, für Maschael und für Awatif kaufte sie je ein Kleid in jeweils der gleichen Farbe und gleichem Schnitt. Stolz und glücklich trugen wir sie. Durch die gleichen Kleider wurde das Feuer der Eifersucht, das öfter mal zwischen uns loderte, gleich im Keim erstickt. Ein Streit, der meiner Mutter nur Kopfschmerzen bereitet hätte, wurde also schon von vorneherein vermieden.

In meinem Traum sind die Wände und die kleinen Läden zerstört. Auch die Wohnhäuser der Menschen liegen offen vor den Augen der Passanten. Ich laufe durch die Gasse in Richtung Basar. Dort will ich eine Kassette kaufen mit einem alten Song des Sängers Mohammed Abdu: „Ich irre umher und rufe dich laut". Ich bin auf der Suche nach dem Freudenrausch, den dieser Song immer durch meine Adern strömen lässt. Ein verborgenes Klingeln warnt mich vor einer Gefahr. Ich renne in Richtung eines großen Saales, weil auch andere Frauen dorthin eilen. Diese Frauen sehen nicht aus wie die Frauen aus Riad. Sie ähneln vielmehr den schwarzafrikanischen Frauen, die als Dienstmädchen in den Häusern von Riad arbeiten. Ich habe das Gefühl, nicht zu ihnen zu gehören. Meine Hautfarbe ist nicht wie ihre und mein Kleid ganz anders als ihre bunte Kleidung mit leuchtenden Farben. Wir alle befinden uns zusammen in einem großen Gefängnis. Ich merke das erst, als ich höre, jemand den Namen einer Frau aufruft und das Ende ihrer Festnahme verkündet.

Die Frauen scheinen schon seit längerer Zeit im Gefängnis zu sein, aber allen ist klar, dass sie es eines Tages wieder verlassen würden. So geschieht es auch im Traum: alle verlassen das Gefängnis, eine nach der anderen. Sobald eine Frau ihren Namen hört, geht sie hinaus. Nur meinen Namen höre ich nicht. Der Wächter schaut auf die Namensliste in seiner Hand und sagt zu mir: „Dein Name steht nicht auf meiner Liste!". Ich habe keine Hoffnung mehr, jemals wieder hier herauszukommen.

Die afrikanischen Frauen werden in die Freiheit

entlassen, während ich gefangen bleibe. Niemand weiß, dass ich hier bin, und es kommt auch keiner, um mich zu retten. Furchtbare Verzweiflung überfällt mich. Ein großer, junger Mann erscheint und sagt zu dem Wächter: „Sei unbesorgt! Lass sie gehen, auf meine Verantwortung." Der Wächter guckt mich an und sagt: „Nun gut, sei auch du unbesorgt. Du kannst gehen!"
Eine Hand streckt sich meiner Hand entgegen und hält sie fest. Ich fühle ihre Wärme, so echt, als ob Wasser auf meine Handfläche fließt. Ich schüttele mich und werde wach.

Mein Herz klopfte heftig und ich sah, wie Awatif meine Hand festhielt und sagte:
„Im Namen Gottes, des Barmherzigen, Schwester! Hast du geträumt? Ich hörte dich irgendetwas murmeln!"
„Ich glaube, ich habe wirklich geträumt! Wie spät ist es denn jetzt?"
„Sieben Uhr abends!"
„Warum hast du mich so lange schlafen lassen?"
„Es war doch nur eine halbe Stunde!"
„Eine halbe Stunde ist viel für mich. Wenn ich dann nachts im Dunkeln aufwache, habe ich die ganze Nacht über Beklemmungen. So, als wäre ich in einem Gefängnis."
Als ich dieses Wort aussprach, erinnerte ich mich wieder an meinen Traum, an die schwarzen Frauen im Gefängnis.
Awatif lachte und sagte:
„Gütiger Himmel! Wo sonst schon sollten wir wohl sein, Schwester?"

Theatralisch imitierte sie den großen ägyptischen Schauspieler Jusif Wahbi mit seiner tiefen Stimme: „Wir befinden uns doch in einem großen Gefängnis!"

May kam herein und fragte mich:

„Mama, kommst du nicht mit Papa und mir nach Zelfi?"

„Nein, mein Schatz. Du fährst mit deinem Vater für zwei Tage allein dorthin, und dann kommst du wieder zurück. Du besuchst deinen Opa und deine Oma, reitest das Pony und schaust dir die kleine Lämmer an!"

„Darf ich ein Lämmchen mitbringen?"

Awatif antwortete ihr, noch während sie sich zu May hinunterbeugte, sie dann in die Höhe hob und zärtlich in den Bauch und überall in ihren kleinen Körper biss:

„Reicht uns dieses kleine Schaf denn nicht? Komm nur zu mir, mein Lämmchen, ich fresse dich … ham … ham … ham!"

Awatif verließ mit May zusammen das Zimmer. Mein Handy klingelte nur ein einziges Mal, dann schwieg es wieder. Es war die Telefonnummer von Schathas Haus. Ich rief zurück und hörte seine ruhige Stimme:

„Hallo!"

Seine Stimme verschmolz mit der des Sängers Mohammed Abdu zu einem einzigen Song.

In meine Nase drang ein Geruch, den ich gut kannte. Es war der Geruch brennender Liebe, der aus den tiefsten Kammern meines Herzens stieg. Ich bat ihn, mir Schatha ans Telefon zu holen. Ich

hörte, wie sie im Hintergrund sang: „Nein, schick mir die Briefe nicht zurück; was soll ich denn mit dem Papier nur machen? Hättest du doch lieber gelächelt am Abend des Abschieds – denn die Tränen deiner geschminkten Augen sind ein schwacher Beweis deiner Liebe!"
„Kommst du kurz vorbei?" fragte Schatha mich dann.
„Gut, ich bringe meinen Kaffee mit und komme zu euch!"
„Okay, Kaffee von dir und Schokolade von uns!"
„Ich hasse Schokolade!"
„Kein Problem, wir bringen dir getrocknete Datteln mit, du nagdäisches Weib!"
Awatif bat mich, sie und May auf meinem Weg mitzunehmen und beim Schreibwarenladen Djarir abzusetzen.

13

Im Haus angekommen, schlug Schatha vor, sich doch besser in das Zelt für die jungen Leute zu setzen, das draußen an einer Ecke des Hauses stand. Dort konnte sie ungehemmt rauchen. Aus Respekt ihrem Vater gegenüber, der gerade im Wohnzimmer saß und sich die Nachrichten des Senders Al-Arabiya anschaute, wollte sie dies nicht in dessen Anwesenheit tun.

Wie Schatha mir erzählte, war ihr Vater ein gebildeter Mann und früher einmal politisch engagiert gewesen. Inzwischen jedoch war er ein bedeutender Händler geworden. Schatha sprach stets sehr zurückhaltend über die Zeit ihres Lebens, in der ihr Vater nicht bei seiner Familie gelebt hatte. Sie sagte immer nur, er sei nicht da gewesen. Erst sehr viel später erwähnte sie einmal, dass er inhaftiert gewesen sei.

Ich wagte nicht, sie nach dem Grund seiner Inhaftierung zu fragen. Ich hatte Angst, meine Frage könnte sie schmerzen. Später erzählte mir Walid nähere Einzelheiten darüber, die hier jedoch nicht vollständig wiedergegeben werden können. Unter anderem erzählte er:
„Mein Vater stand den Leuten sehr nahe, die Ende der sechziger Jahre an einem gescheiterten Putsch teilgenommen hatten. Damals herrschte in der gesamten arabischen Welt der Geist der Revolution mit dem Ziel der Befreiung und der Arabischen Einheit. Der Putsch scheiterte, und mein Vater

wurde festgenommen und angeklagt, darin verstrickt gewesen zu sein. Wir wissen bis heute nicht, inwieweit er beteiligt war. Mein Vater verbrachte jedenfalls Jahre im Gefängnis, musste sogar die Todesstrafe befürchten. Eine königliche Amnestie ermöglichte es ihm schließlich, ins Exil nach Frankreich zu gehen. Sein Stamm, der dem des Königs sehr nahe stand, hatte große Anstrengungen unternommen, um diese Amnestie zu bewirken. Mein Vater musste auch eine Verpflichtung unterschreiben, sich nie mehr politisch zu engagieren oder Einzelheiten über seine frühere politische Tätigkeit bekannt zu geben."

Walid fuhr fort:

„Mein Vater war trotz seiner politischen Bildung stets darauf bedacht, nicht mit uns über seine früheren Aktivitäten zu reden. Vielleicht hatte er Angst, dass sich einer von uns seine Gedanken zu Eigen machen könnte und dafür einmal einen ebenso hohen Preis zahlen müsste wie er. Im Gefängnis litt er an den verschiedensten Krankheiten, die man in seinem damaligen Alter normalerweise nicht hat. Er muss im Gefängnis äußerst bittere Erfahrungen gemacht haben; allein darüber zu reden strengte ihn schon maßlos an, vor allem in Gegenwart seiner Kinder. Die respektierten sein Empfinden und versuchten nicht mal im Entferntesten, die Angelegenheit anzusprechen."

Wie ein Schüler von seinem Lehrer, war Schatha völlig eingenommen von ihrem Vater, dem Vorbild, dem liebevollen Hüter und Beschützer, der seinen Schatten auf sie warf. Der Vater behandelte seine

Töchter so, als wären sie zarte Schmetterlinge. Er verwöhnte sie, respektierte ihren Willen und hielt sie dazu an, unabhängig zu sein und starke Persönlichkeiten zu entwickeln, koste es was es wolle. Er erfüllte Schatha und ihrer Schwester stets jeden Wunsch und verteidigte sie gegenüber jedem, der ihnen Unrecht tat oder sie ärgerte. Deswegen strahlte Schatha ein solches Selbstbewusstsein aus – etwas, das mich gleich bei unserer ersten Begegnung so fasziniert hatte. Schathas Vater ist im Vergleich zu anderen Männern aus Riad eine seltene Ausnahme. Ich finde, er besitzt eine ganz außergewöhnliche Persönlichkeit und entstammt einer besonderen Generation. Ich lernte ihn kennen, als ich Schatha öfter zuhause besuchte und ihn, ihre Mutter und ihre Schwester begrüßte. Sie nahmen mich wie eine Tochter in ihrem Haus auf; dort herrschte eine Atmosphäre, wie ich sie überhaupt nicht kannte. Sei schienen glücklich miteinander verbunden zu sein, wie durch einen Wolkenteppich etwa, der sich vor allem in der Beziehung zwischen den Eltern auszubreiten schien – ganz im Gegensatz zu meinen Eltern, deren Beziehung immer trüb und angespannt war.

Schatha und ich gingen in das Zelt hinein. Die Seiten des quadratischen Zeltes waren mit einem Stoff aus rotgestreifter, dicker Wolle verhängt, der auch um die eisernen Zeltstangen gewickelt war. Die Luft war von einem wolligen Geruch erfüllt, den der Sprühregen verbreitete und noch verstärkte. Das Zelt war innen nach Beduinenart schön geschmückt. Die Lichter waren an allen Seiten ver-

teilt. Ein vergoldeter Dolch und ein altes Gewehr hingen an einem alten Sattel, der wiederum an einer Seitenwand des Zeltes befestigt war. In einer Ecke stand ein Ofen, daneben befand sich ein Holzregal voller alter Tee- und Kaffeekannen. An einer anderen Seite hing eine gegerbte Ziegenhaut. Auf dem Boden lagen prall gefüllte Polster und Kissen aus rotem Zadou-Stoff mit schwarzen Streifen. Im Ofen brannte Akazienholz. Das orangefarbene Feuer spiegelte sich in bezaubernder Weise auf den silbernen Edelstahlkannen wider, die neben dem Feuer standen. Walid saß am Feuer und telefonierte mit seinem Handy. Als er mich sah, stand er auf, nahm es in die linke Hand, reichte mir seine rechte und sagte – es klang wie ein fröhlicher Willkommensgruss:
„Entschuldigung, ich habe gerade ein Gespräch!" und telefonierte weiter.

In der Mitte des Zeltes stand ein großer Fernsehbildschirm. Der amerikanische Film ‚Forrest Gump' mit Tom Hanks lief auf dem Sender M.B.C2. Schatha zündete sich eine Zigarette an und trank ihren Kaffee, während ich im Fernsehen den Film verfolgte.
Walid beendete sein Gespräch und begrüßte mich dann richtig, indem er sagte:
„Weißt du eigentlich, dass deine Chefin Sarah mich heute angerufen hat?"
„Pass nur auf, sie frisst die hübschen jungen Männer, knabbert ihr Fleisch und wirft dann die Knochen weg!"
„Warum denn nicht? Guten Appetit!" sagte Walid lachend.

„Da du offenbar eine Glückssträhne hast, vergiss nicht, ein gutes Wort für mich bei ihr einzulegen; vielleicht werde ich dann befördert!“ meinte Schadha.
Ich lachte. Walid wandte sich mir zu und sagte:
„Und du, Hind, willst du nicht auch eine Beförderung? Soll ich dich Sarah ans Herz legen?“
„Nein, danke!“
Ich fühlte, wie es in meinem Herzen vor lauter Eifersucht knackte, genauso wie gerade das Holz im Ofen. Ich fragte mich, ob Walid etwa bewusst meine Eifersucht erregen wollte. Ich achtete sehr darauf, die Fragen meines Herzens zu ignorieren und nicht hinzuhören.
So wandte ich mich wieder dem Fernseher zu und verfolgte weiter den Film. Dann versuchte ich es mit einem Themenwechsel und sagte:
„Ich mag diesen Schauspieler Tom Hanks … gestern sah ich seinen Film ‚Terminal'“.
„Diesen Film hier, ‚Forrest Gump', habe ich in einem Kino in Washington gesehen, als ich dort studierte.“ sagte Walid, während er auf den Bildschirm zeigte: „Schau nur, wie seine Mutter seine Dummheit erklärt.“

In dem Moment war auf dem Bildschirm der Satz erschienen: „Der Dumme ist derjenige, der sich dumm verhält.“ Schatha sagte:
„Ich habe mir diesen Film zweimal angesehen. Ich glaube, dass die Hauptfigur, Forrest Gump, nur deshalb Erfolg hatte, weil er ein Mann ist. Denn ein Mann wird in jeder Gesellschaft akzeptiert, selbst wenn er minderbegabt ist wie Forrest Gump, nicht wahr, Walid?“

„Das stimmt zumindest nicht bei diesem Film. Forrest Gump lebt in der amerikanischen Gesellschaft, und seine Mutter kämpft darum zu beweisen, dass behinderte Menschen nicht weniger wert sind als andere Menschen, sondern dass sie nur andere Fähigkeiten haben als andere. Sie meint, den Beweis angetreten zu haben: Forrest Gump musste nur eine Chance bekommen, dann hatte er auch Erfolg trotz seiner Behinderung!"

„Was mich ratlos macht, ist die Tatsache, dass Forrest Gump trotz seiner eingeschränkten Intelligenz Erfolge verbucht, während seine Kindheitsfreundin im Film, die intelligente, einfühlsame junge Frau Jenny bei ihrer Suche nach dem Sinn ihres Lebens ziellos umhertappt. Sie studiert, reist und engagiert sich bei einer linken Organisation, die für die Menschenrechte eintritt. Dann nimmt sie Drogen, und schließlich begeht sie einen Selbstmordversuch. Zahlen intelligente Menschen immer einen solch hohen Preis für ihre Intelligenz, während Dumme oft erfolgreich sind?"

„Es ist nicht so wichtig, intelligent zu sein, um Erfolg haben zu können. Im Gegenteil, hohe Intelligenz und Einfühlungsvermögen können einem das Leben eher schwer machen. Erinnerst du dich an die Antwort von Forrest Gump, als er in Vietnam kämpft und der Oberst seiner Truppe ihn fragt: ‚Warum bist du hier?' Er antwortet: ‚Ich bin hier, um all das zu machen, was Sie mir befehlen.' Der Oberst ist ganz erstaunt; nie in seinem Leben hat er einen so erfreulichen Satz gehört. Die Bereitschaft eines Menschen, den Gesetzen zu folgen, macht das Leben offenbar einfacher; vielleicht ist

das eine Art Grundregel des Lebens. Die Intelligenten hingegen machen sich das Leben schwerer, weil sie schöpferisch nach neuen Wegen suchen. Sie versuchen, neue Gesetze für das Leben zu entwickeln; Gesetze, die ihren eigenen Fähigkeiten entsprechen. Dadurch riskieren sie mal hier ein Scheitern, mal dort eine Niederlage. Das verlängert natürlich ihren Weg zum Erfolg. Und das unterscheidet sie von den anderen Menschen." meinte Walid.
„Jenny", sagte ich, „lag schon im Sterben, als sie Gump noch eine Frage stellte, die vielleicht die ständige Hast und Unruhe in ihrem Leben erklären könnte."
„Und was für eine Frage war das?" warf Schatha ein.
„Sie fragte ihn nach der Angst" sagte ich, „Forrest Gump aber antwortete ihr mit einer längeren Ausführung über den Glauben. Vielleicht wollte er sagen, dass uns der Glaube einen langen Weg der Angst erspart, die tief in unseren Seelen lauert. Der Glaube bringt auch die Fragen nach dem Dasein zum Schweigen, brennende Fragen, die sich schon im Kindesalter in unserem Innersten entzünden. Die Suche nach einer Antwort darauf quält uns lebenslang. Vielleicht war es diese Angst, die Jenny schließlich sterben ließ. Sie hatte versucht, der Angst zu entkommen, indem sie gegen die Probleme der Menschheit ankämpfte und sich selbst hinter Drogen versteckte. So blieb sie leidend, ziellos und allein."
Schatha meinte:
„Soll das heißen, dass die Theorie meiner Großmutter Muniera, deren Name ‚die Leuchtende' auch mir als zweiter Vorname verliehen wurde, im

Endeffekt die einzig wahre Theorie auf dieser Welt ist: ‚Kind, und magst du auch so schnell laufen wie die wilden Tiere, so bekommst du doch kein bisschen mehr als das, was Gott dir schenkt!'"

Und ich warf ein:

„Füge deiner großmütterlichen Theorie noch die Worte des Khalifen Omer Ibn Chattab hinzu. Diese berühmteste historische Persönlichkeit des Islam jemals war einer der vehementesten Vorkämpfer für die Gerechtigkeit und soll gesagt haben: ‚Gott, bitte, verleih mir den Glauben der Greise.' Denn der bedingungslose Glaube, der nichts infrage stellt, macht das Leben erträglicher. Nur: wenn es so einfach wäre, diesen Glauben zu erlangen, wäre er eben nicht der Glaube der Greise!"

Walid meinte:

"Forrest Gump sagt: ‚Jeder von uns hat sein Schicksal; wir irren umher, treiben ziel- und planlos von einem plötzlichen Ereignis zum nächsten.' Diese Haltung ist eine Art Unterwerfung. Die Intelligenten hingegen suchen nach Antworten, selbst wenn sich keine Frage stellt. Das ist der eigentliche Grund ihres Unglücks. Von Shakespeare stammt zum Beispiel meines Wissens der Satz: ‚Das Leben ist eine Tragödie, wenn wir es selbst sinnlich wahrnehmen, und eine Komödie, wenn wir ihm zuschauen.' Unsere Großmütter sind sich sogar mit Kant einig, wenn er sagt: ‚Die Annahme der Idee von der Existenz Gottes ist eine moralische Notwendigkeit!'"

„Das Problem der intelligenten Menschen liegt darin, dass sie sich den anderen Menschen nicht anpassen."

„Weil sie die besseren sind."
„Nein, weil sie anders sind!"
„Meine selige Großmutter Muniera war anscheinend eine Philosophin von der Bedeutung Kants." sagte Schatha.
„So ähnlich. Bleib nur bei der Philosophie deiner Großmutter, Schatha; bloß nicht alles durcheinander mischen wie Jenny." meinte ich.
„Nein, nein, keine Angst; mein Mut reicht höchstens dazu, unserer Mekkapilgerin, Djahir, Zigarettenrauch ins Gesicht zu pusten." sagte Schatha.
„Und was haltet ihr davon, wenn wir irgendwo zu Abend essen?" fragte Walid.
„Nein, es ist spät geworden. Ich muss nachhause."
„Wir essen erst und bringen dich dann nachhause. Glaubst du etwa, wir bekämen jeden Tag eine Einladung zum Essen im Restaurant? Komm, erheb' dich!" antwortete Schatha.

14

Ich wachte auf durch das laute Zwitschern der Vögel, die sich auf dem Feigenbaum vor meinem Fenster versammelt hatten. Es war sechs Uhr morgens. Die Vögel zwitscherten eine halbe Stunde lang so laut, als sollten sie in aller Frühe das Lied für die Welt singen. Traurige Sopranklänge drängten sich zwischen das Gezwitscher und hoben sich durch eine erstaunliche Genauigkeit der Töne davon ab. Die Vögel singen immer eine volle halbe Stunde, ohne auch nur eine Sekunde inne zu halten und ohne dass ein Vogel einen falschen Einsatz gehabt hätte. Mit diesem Chorgesang im Ohr fühlte ich mich leicht wie ein Schmetterling. Ich erinnerte mich an jenen chinesischen Gelehrten, der gesagt hat: „Ich träumte, ich sei ein Schmetterling. Und jetzt weiß ich nicht, ob ich ein Schmetterling bin, der träumt, er sei Tschu Tsi, oder ob ich, Tschu Tsi, träume, ich sei ein Schmetterling."

Ich fühle mich wie ein kleines Mädchen, das auf den Wolken ausgleitet und mitten durch die Wolkenflocken hindurch fällt. Dann schwebt es hinüber zu einer anderen Wolke außerhalb dieses Kosmos und beginnt zu tanzen. Aber es darf nicht einmal eine Sekunde lang an seine Tanzschritte denken, sonst würde es stürzen – wie jene Flamencotänzerin, die von ihrem eigenen Tanz und dem Applaus der begeisterten Zuschauer völlig außer sich ist. Das Tanzfieber verleiht dem Mädchen eine magische Energie, so dass es sich einfach seinem natürlichen Instinkt für den Tanz hingibt. Es tanzt; die Füße kennen ihre Schritte von allein, der hoch erhobene Kopf schwebt von Freude berauscht in den Wolken, und die ausgestreckten Hände mit den schmalen Fingern pflücken etwas aus dem Strauß der Himmelssterne – ist es vielleicht sein Name? Das kleine Mädchen lässt sich von dem wilden Freudenrausch mitreißen und vergisst die Zeit. Eine kalte Brise streicht über meine nackten Hände. Auf meinen Unterarmen wuchern Gebilde, so als seien sie gerade aus meiner Haut herausgewachsen. Ich streiche über meinen Unterarm und erkenne: das sind weiße Federn, die aus meiner Haut hervor sprießen. Es sind weiche, lange Federn, die mich aufwärmen und mir einen erfolgreichen Flug versprechen. Ich stehe immer noch nicht aus dem Bett auf – ich will das neue Gewand aus Federn behalten, ich will nicht, dass es von mir abfällt. Ich will nicht wieder in der Haut des alten Kämpfers stecken: Ritterrüstung, kupferner Schutzschild, Schwert; ich will nicht mehr den bewaffneten Kampf führen in einem Leben, das ich mir nicht selbst aussuchen kann.

Walids Gesicht war das erste Bild, vor dem sich meine Augen öffneten wie die Knospe einer fülligen, duftenden Rose, die ihr Herz öffnet und mitten ins Leben blickt. Ich dachte an den gestrigen Tag, wie es war, als die Blicke unserer Augen sich im Restaurant trafen, ohne Worte, wie er mich anschaute und anlächelte, voller Liebe, Licht und Lebenslust.

Walids Auto hielt vor dem neuen Feisalia Turm. Ein Polizist öffnete die Motorhaube und schaute hinein, dann verlangte er von Walid, auch die Heckklappe zu öffnen. Seit den Anschlägen auf die Wohnblöcke, die überwiegend von Amerikanern und Europäern bewohnt waren, sorgte die Stadt Riad für strickte Sicherheitsvorkehrungen. Die Stadt verwandelte sich in eine Militärkaserne voller Polizisten und Checkpoints. Betonblöcke versperrten die Zugänge zu den besonders bedrohten Plätzen - darunter die zwei Wolkenkratzer Al-Mamlaka und Al-Feisalia – aus lauter Angst vor weiteren Selbstmordattentaten.

Wir nahmen den Lift. Mein Herz klopfte heftig. Walid stand direkt neben mir. Beinahe fühlte ich die Wärme seines Körpers unter seinem weißen Umhang, beinahe hörte ich sogar das Klopfen seines reinen Herzens. Er stand nur wenige Zentimeter von meinem schwarzen Umhang entfernt dicht neben mir. Ein surrealistisches Bild voller widersprüchlicher Farben. Wir waren Teil einer Urszene, kamen aus einer verborgenen Zeit und gingen in eine unbekannte Zeit vor uns. Walid drückte auf den Knopf zur 11. Etage. Eine weibliche Stimme kam aus dem Lautsprecher und verkündete in englischer Sprache:

„Herzlich willkommen. Sie sind auf dem Weg zur 11. Etage."

Die Aufzugstür öffnete sich. Ein libanesischer Kellner in schwarzem Anzug nahm uns in Empfang und sagte:

„Herzlich willkommen, Scheich!"

Ich ließ meinen Blick über die Tische wandern. Mehrere Frauen saßen hier und dort verteilt. Einige zeigten ihr Gesicht offen, andere hatten es mit

schwarzer Seide verhüllt. Einige Männer saßen allein an weit voneinander entfernten Tischen. Nur einige wenige Ehepaare saßen beieinander. Gruppen bestanden entweder nur aus Frauen oder nur aus Männern. In diesem Restaurant gab es keine hölzernen Trennwände zwischen den Tischen wie in anderen Restaurants. Schatha sagte:
„Sieben-Sterne-Luxusrestaurants unterliegen nicht den Auflagen, die für die anderen Restaurants in Riad gelten. Es gibt keine Trennwände, keine plötzlichen Überfälle durch die „Moralwächter" mit ihrer Parole: ‚Für rechtes islamisches Handeln!'. Diese Organisation schnüffelt sonst überall herum, um unerlaubte Treffen zwischen Verliebten oder auch nur einfach miteinander befreundeten Frauen und Männern aufzudecken. Sie untersagt einer Frau auch, sich in einem öffentlichen Raum allein aufzuhalten, ohne dass ein anderes Familienmitglied anwesend ist, das zu ihr in einem die Ehe ausschließenden verwandtschaftlichen Verhältnis steht!"
Ich sagte:
„Das heißt, man kann hier jetzt unbehelligt sitzen?"
„Hind, wenn es dir unangenehm ist, dann kehren wir einfach nachhause zurück!" sagte Walid zu mir. „Wir sind hier, damit du gemütlich sitzen kannst und eine angenehme Zeit mit uns verbringst!"
Seine lieben Worte beruhigten mein Herz. Zum ersten Mal kümmerte sich jemand um mein Wohlbefinden, sagte mir das sogar deutlich und ließ mir die freie Wahl. Ich blickte ihn dankbar an. Er lächelte mir zu.

Der Kellner fragte uns:
„Möchten Sie gern auf der Terrasse Platz nehmen oder lieber drinnen sitzen?"

Unsere Wahl fiel auf die Terrasse, wo die Lampen auf dem Geländer hell leuchteten. Von hier aus konnte man auf ganz Riad hinab sehen. Die enorme Höhe gab den Blick auf die Dächer der Hochhäuser und Kaufhäuser, auf die Straßen und die Autos frei. Riad sah bunt geschmückt aus wie ein elektronisches Bild, das ständig seine Farben ändert. Nachtfalter, nächtliche Schmetterlinge, taumelten um die Lampen herum, die das Restaurant von allen Seiten umgab. Als sich ein Schmetterling dem Licht zu sehr näherte, wirbelte auf einmal Rauch auf: er war verbrannt. In diesem Moment entflammte mein Herz wie der Schmetterling und gab sich dem Feuer der Liebe hin. Wie ein kleines Mädchen, das eine abenteuerliche Situation zum ersten Mal erlebt, rief ich aufgeregt:
„Seht nur, der Schmetterling ist verbrannt!" und fuhr dann fort:
„Ich habe schon so oft von der Liebe der Schmetterlinge zum Licht gehört, davon, dass sie am Ende darin verbrennen! Meistens als naive Metaphern in irgendeinem Roman, in dem Frauen mit Schmetterlingen verglichen wurden, verirrte Frauen, die nach Freude suchten. Sie ließen sich vom Licht der Lust täuschen und verbrannten dann darin."
Schatha ging auf meine kindliche Freude beim Beobachten der Szene ein und sagte:
„Was für ein dummer Schmetterling, nicht wahr?

Er sieht, wie seine Gefährten verbrennen, und dennoch rettet er sich nicht!?"

„Die Schmetterlinge werden instinktiv vom Licht angezogen. Macht euch nicht über sie lustig!" meinte Walid.

„Liebst du eigentlich deine Arbeit im Krankenhaus, Walid?" fragte ich ihn.

„Man sagt zwar, dass die Atomphysik eine trockene und schwierige Wissenschaft sei, aber mir macht meine Arbeit durchaus Spaß. Ich gehöre allerdings nicht zu den Menschen, die ihre Freude nur in der Arbeit finden. Ich interessiere mich auch für vieles andere." antwortete er. Mich packte die Begeisterung, und ich wollte auf ein langes Gespräch hinaus, um Walid besser kennen zu lernen. Seine offene Persönlichkeit erschien mir wie ein weites Feld, das in der Sonne badet, frisch, glücklich, optimistisch.

„Für was zum Beispiel interessierst du dich denn noch so?"

„Für ein Gespräch mit einer Frau wie du, intelligent, gebildet und hübsch!"

„Hm … hm, ich verstehe, dass ich hier nicht mehr erwünscht bin!" sagte Schatha.

15

Mein Mann Manssur ist wie eine Höhle, er meidet die Sonne und bevorzugt die kalte Dunkelheit – er ist ein Kind der Dunkelheit. Sein Inneres besteht aus verschiedenen geheimen Räumen, vielen Räumen; doch keiner gibt den Blick frei auf das Geheimnis des benachbarten Raums. Jeder einzelne Raum wirkt so, als sei er der letzte. Jeder lädt zunächst zu einer Entdeckungsreise ein, die sich dann jedoch als Täuschung erweist. Wenn du glaubst, die Wahrheit eines Raumes aufgedeckt zu haben, erweist sie sich als das genaue Gegenteil. Wenn du glaubst, dass er dir Schatten spendet, gaukelt er ihn dir bloß vor, um dich zu beruhigen. Seine Art von Beruhigung ist ein einziger Betrug, hinter dem sein Geheimnis verbogen bleibt. Seine Undurchsichtigkeit ist nichts weiter als ein betrügerischer Vorhang. Im ersten Raum seiner kalten und dunklen Höhle lernte ich seine Liebe kennen. In diesem Raum war mehr Licht als in allen anderen. Ich glaubte, seine Höhle könnte als geheimes Versteck taugen, könnte zwei Seelen retten und für das Leben zweier Personen reichen. Mein Denken folgte der Vernunft, die meine Mutter mir empfohlen hatte – und im gleichen Zuge fielen mir die Federn meiner gesunden Verrücktheit aus, Tag für Tag mehr, eine Feder nach der anderen, schließlich glich ich einem gerupften Vogel. Dennoch predigte meine Mutter immer weiter: „Die Vernunft ist eine Zierde, meine Tochter."

Ich war nicht mehr das verträumte Mädchen von gestern, dessen Träume für ein ganzes Leben reichen sollten. Jetzt war ich eine Ehefrau, die ein neues Leben begonnen hatte und auf den Rat ihrer Mutter vor der Hochzeitsnacht hörte, der lautete: „Eine vernünftige Frau hat nicht jeden Tag einen anderen Mann. Dein Mann ist dein Schicksal und dein Verhängnis, dein Glück und deine Traurigkeit, dein Licht und dein Schatten. Du musst dich mit dem zufrieden geben, was Gott dir schenkt. Wenn Gott dir einen liebevollen Mann zur Seite stellt, dann danke ihm sehr dafür. Gibt er dir aber einen rechthaberischen, störrischen Mann, dann trage dein Schicksal mit Geduld!"

Manssur zeigte sich heiter und fröhlich, als er mich endlich sein Eigen nennen konnte. In den ersten Tagen unserer Ehe wollte ich ihn nicht enttäuschen. Ich entschied mich, meinen Hass auf Dunkelheit und Feuchtigkeit zu überwinden und zu akzeptieren, nichts weiter als die Königin in seiner dunklen Höhle zu sein. Aber schon nach den ersten Monaten, in denen den ehelichen Pflichten Genüge zu tun war, um die Schwangerschaft zu garantieren, begann er mir zu entgleiten. Er war nicht mehr wie am Anfang unserer Ehe. Seine Herzensgüte war verschwunden; hatte sich in einen anderen seiner geheimnisvollen Räume zurückgezogen. Wie heftig ich auch anklopfte, er hörte mich nicht und kam auch nicht heraus. Auf dem Irrweg seines Lebens ist er mir verloren gegangen. Manchmal hörte ich seine Stimme oder sah flüchtig sein Gesicht, aber ich erreichte ihn nie, konnte seinen Raum nicht mehr mit ihm teilen.

Ich unterwarf mich damals dem Drängen meiner Mutter – als mein Geheimnis mit dem Mann, den ich liebte, aufgedeckt worden war – und heiratete also Manssur! Sie warnte mich:
„Denk' nicht einmal im Traum daran, dass du eines Tages diesen Mann heiraten könntest, mit dem du diese Dummheiten begangen und nächtlichen Telefonate geführt hast!"
Sie drohte mir, dass ich nur noch auf dem Weg zur Universität das Tageslicht zu sehen bekäme und forderte mich auf, mir über Manssur, den Sohn ihres Bruders, ernsthafte Gedanken machen. Er sei einer von uns, einer, dem wir vertrauen können, viel besser als einer, den wir nicht kennen. Dann fügte sie noch hinzu:
„Ab heute lebst du in einem Gefängnis: kein Telefon, keine Freundinnen!" Außerdem drohte sie mir, mich vor meinem Vater bloßzustellen und ihm alles zu sagen über meinen Kontakt zu dem Mann, den ich liebte:
„Dieser Mann wird dich nie heiraten. Du weißt das. Unsere Familie verschwägert sich nicht mit der seinen. Falls du das dennoch tust, werden die Brüder deines Vaters dein Blut fließen lassen."
Hätte mein Vater jemals von dem unentschuldbaren Spiel mit diesem Mann, den ich liebte, erfahren, hätte er mir nie verziehen. Es lag einzig und allein daran, dass seine Familie nicht über den gesellschaftlichen Rang verfügte und somit schlichtweg nicht in Frage kommen konnte.
Ich musste erkennen, dass mein Elternhaus von einer totalen militärischen Niederlage geprägt war. Allem Anschein nach hatte mein schwacher Vater

die Waffen gestreckt und meine Mutter als Soldat im Hause die Waffengewalt übernommen.

Meine Eheschließung mit Manssur war die einzige Sache in der Geschichte ihres Zusammenlebens, bei der sich meine Eltern einmal einig waren. Für mich bedeutete das: alle Himmelsfenster blieben mir verschlossen; ich war begraben in einem Brunnen ohne Boden. Mir wurde bewusst, dass meine Mutter mich besiegen und der Krieg mit ihr nie aufhören würde. So musste ich mir einen Ort der Freiheit schaffen, an dem es sich wenigstens ein wenig gnädiger und einfacher leben ließ, einen Freiraum mit weniger Schreierei und Sturheit, als es der wilde Krieg meiner Mutter erlaubte.
Manssur war ein gut aussehender Mann. Gerade hatte er die militärische Hochschule mit dem Rang eines Leutnants absolviert und war somit tauglich für ein neues Leben. Sogar Modi, die nach der letzten Reaktion ihrer Mutter mit ihren pubertären Verrücktheiten aufgehört hatte, ein braves Mädchen geworden war und inzwischen sogar an die Frühehe glaubte, machte mir Mut, ihn zu heiraten. Sie meinte:
„Du sagst, du liebst ihn nicht, und du hättest Angst vor dem bösen Blick, dem Neid der anderen. Wer würde Omar Al-Scharif haben können, Schwester, und wegen des bösen Blicks nein sagen!?“
Modi sagte mir das nur, um mich über den Verlust des Mannes, den ich liebte, hinwegzutrösten. Wir einigten uns darauf, diesen Mann überhaupt nicht mehr zu erwähnen, zumal wir entdeckt hatten, dass Manssur mein Telefon offenbar abhören konnte.

Manche Sätze, die ich am Telefon gesagt hatte, schrieb er auf und ließ dann den Zettel auf dem Tisch liegen. Wenn ich ihn fragte, was diese Sätze zu bedeuten hätten, sagte er:
„Nichts. Ist mir nur so eingefallen!"
Manssur verfolgt seine eigene Art des Angriffs, die ihm niemand so leicht nachweisen kann. Er greift sein Opfer nicht offen an, sondern zermürbt es, bis es zusammenbricht und alles zugibt. Perfekt beherrscht er die Taktik, sein Opfer bis zur völligen Erschöpfung zu umkreisen, bis es ihn verzweifelt anfleht, endlich mit dem Spiel aufzuhören. Es schlägt seinen Kopf gegen die Wand und gibt alles zu. Nicht nur das; das Opfer bittet ihn sogar, er möge es aufs schärfste bestrafen, und es bricht aus ihm heraus: „Ich bin der Übeltäter, ich bin der Schuldige, ich bin der Kriminelle … bitte, gebt jetzt Ruhe, Gott schenke euch Frieden. Ihr könnt mich hinrichten, wenn ihr wollt, aber bitte hört auf mich zu quälen!"
Manssur hatte noch nicht einmal den Versuch unternommen, mich als Frau – mit einer eigenständigen Persönlichkeit und einer Seele wie alle anderen Menschen - zu behandeln. Für ihn war ich nur: „Ihr Harim – ihr Weiber!" Wenn ich mich darüber ärgerte, fertigte er mich einfach ab: „Ihr Weiber habt keinen Verstand!" Wenn ich mich nach etwas aus seiner Welt erkundigte, das meine Neugier geweckt hatte, meinte er nur abweisend: „Das geht euch Weiber nichts an."
Wenn ich in seiner Anwesenheit einmal laut davon träumte, irgendwann gemeinsam mit ihm auf einer fernen, grünen Insel im Ozean Urlaub zu verbrin-

gen, sagte er: „Ihr Weiber habt doch lächerliche Wünsche!“

Ich vermochte mich nicht mehr als einzelne, unabhängige Person zu sehen, sondern erlebte mich lediglich als ein winziges Teilchen auf der Umlaufbahn eines schwarzen Planeten, zusammen mit vielen anderen Frauen, die sich unentwegt drehten, immer wieder im Kreise drehten, bis ihnen ganz schwindelig wurde. Ich fragte ihn: „Kannst du denn nicht anders mit mir reden, mit mir, deiner Frau, die du doch gut kennst – und nicht so, als gehörte ich zur Welt der Harim?“

Während er seine Zigarette rauchte und ein glückliches Siegeszeichen mit seinen Lippen formte, weil er es wieder einmal geschafft hatte, mich fertig zu machen, antwortete er völlig gelassen:

„Warum sollte ich denn, was unterscheidet dich denn vor den anderen Weibern?“

Er hatte es also fertig gebracht: schließlich empfand ich die Tatsache, eine Frau zu sein, als mein größtes Unglück! Durch ihn wurde mir mehr und mehr bewusst, dass Männer in dieser Welt allen Raum für sich beanspruchen, sich überall herum treiben und breit machen. Sie übernehmen sehr viel weniger Verantwortung als Frauen, sei es bei der Kindererziehung oder anderen Alltagspflichten. Die Frauen hingegen schnürt man ein in enge Traditionen. Die Mütter haben ständig Angst um ihre Töchter, nicht nur aus mütterlicher Sorge um sie, sondern fast immer aus Angst vor der Schande, die die Ehre der ganzen Familie besudeln könnte.

Während ich Manssur beobachtete, stellte ich fest:

die Welt ist für die Männer ein riesiger Tummelplatz, auf dem sie sich nach Lust und Laune frei bewegen können. Ihnen gehören die Straßen, auf denen sie mit ihren Autos in verrücktem Tempo dahinrasen. Sie besitzen die Cafes, die Meeresküsten und nicht zuletzt Privatwohnungen, wo sie ihre unanständigen Spielchen treiben konnten. Schatha meinte einmal, in unserem Land sei das Leben nur zum Vorteil der Männer geschaffen - wie ein riesiger Stuhl, der extra für ihre Größe gezimmert wurde. Den Frauen bliebe nur die Wahl zwischen zwei Möglichkeiten: zuhause zu bleiben oder im Bazar einzukaufen.

Als Kind sehnte ich immer nach der Schule, weil sie für mich der einzige Ort war, an dem ich Freude und Spaß erlebte. Nach Ansicht der Männer sind die Häuser speziell für die Frauen zugeschnitten. Zäune und Gitter markieren ihre Grenzen. Mit der Zeit gewöhnen sich die Frauen an diese Gitter und freunden sich sogar mit ihnen an. Sie glauben schließlich, dass die Häuser für sie die sichersten Plätze dieser Welt seien, dass außerhalb dieser Häuser wilde Tiere umherstreiften, die nur darauf aus seien, ihnen aufzulauern, sobald sie ihre Häuser verließen. Denn die Männer seien wie räudige, hungrige Wölfe.
In unserem Land altern die Frauen früh. Viele bekommen Depressionen und leiden unter Ängsten – oft ausgelöst durch Krankheiten ihrer Kinder oder durch den Verlust des Ehemannes. Alt sein heißt, allmählich zu verderben wie ein Apfel – es ist das Ende ihrer Attraktivität. Die Rollen, die sie

im Leben übernehmen können, sind stark begrenzt und die Wertschätzung, die man ihnen entgegenbringt, gering, weil sie ihr Leben lang abhängig sind von anderen, die für sie aufkommen müssen: den Vätern, bevor sie heiraten, den Ehemänner nach der Eheschließung und den Söhnen, wenn sie alt sind. Für die Ernährer der Frauen ist es also ein Leichtes, über sie zu bestimmen.
Die Gehirne von uns Frauen sind mit nichts als Leere beschäftigt. Sie gleichen schon frühzeitig einem alten Schwamm: aufgedunsen und löchrig. Und wer von uns versucht, sein Gehirn sinnvoll zu nutzen, läuft Gefahr, verrückt zu werden, weil man sich lediglich in einem leeren Käfig um sich selber dreht.

Das Virus des Fragens, das mich schon von Kind an infiziert hat, treibt mich manchmal in Abgründe des Zweifelns und der Ratlosigkeit, oft gefolgt von einem unbändigen Zorn auf die ungerechte Realität. Die Männer sitzen am Tisch des Lebens und essen den ganzen Kuchen auf, ohne auch nur einen einzigen Gewissensbiss dabei zu haben, während ihnen die Frauen hungrig zusehen müssen. Die Männer rechtfertigen ihr Verhalten natürlich mit der Tradition, die dies schon von Anbeginn der Schöpfung so festgeschrieben habe. Sie haben diese Tradition ja nicht festlegt, sind aber heute ihre strengen Wächter. Im Laufe der Jahre haben sie es sogar geschafft, reihenweise Frauen zu mobilisieren, die noch weitaus strengere Wächter wurden als sie. Meine Mutter ist eine dieser loyalen Wächterinnen. Wenn ich von ihr wissen wollte, was denn Fahd oder Ibrahim von mir unterscheiden würde, sagte sie nur:

„Das sind Männer, und du bist eben eine Frau; verstehst du das denn nicht?“

Ich verstand aber nicht, was es heißt, eine Frau zu sein!

„Soll das heißen, dass die Frauen keine Seele haben?“

„So ist halt die Stellung der Frauen. Das musst du akzeptieren, so wie wir Frauen vor dir es auch akzeptiert haben, ob dir das nun passt oder nicht!“

In meiner Beziehung zu Manssur sah ich mich als der klügere Part. Doch er war derjenige, der alles besaß – und ich fast nichts. Ich fühlte mich als eines seiner Besitztümer, auf das mein Vater zu Manssurs Gunsten verzichtet hatte.

Das alles machte mich ratlos und ich hatte manchmal das Gefühl, ich sei ein Wesen von einem fremden Stern, das eigentlich gar nicht dahin gehörte, wo es gerade war. Ich fühlte mich wie eine dornige Pflanze, die nicht in der Erde wurzelte; ich lebte in einem Haus, in dem das niemand wahrnahm, und falls es überhaupt jemals einer gemerkt hätte, hätte er mir ohnedies nicht helfen können.

Ich hatte nie das Gefühl, zur Welt der Harim zu gehören. Manssur wollte mir jedoch immer weismachen, dass deren Welt auch die meine sei. Mein Wunsch, wieder mit dem Schreiben zu beginnen, wurde immer heftiger, stärker noch als früher. Immer, wenn ich meine Gedanken und Fragen aufs Papier brachte, verlor mein Gefühl der Unterwerfung an Gewicht. Das Schreiben wirkt immer wie eine Zauberkraft. Es saugt die verwirrten Gedanken aus meinem Kopf, er wird leer und ruhig. Die Kraft jedoch fehlte mir, Manssur ins Gesicht zu schreien: „Ja, ich unterscheide mich sehr wohl von anderen Frauen, von den Frauen, die du kennst. Meine Seele rebelliert gegen deine eng begrenzte Welt, die nur auf irdische Bedürfnisse beschränkt ist. Sie rebelliert unablässig von neuem – mag ich auch immer wieder an den harten Deckel deines Brunnens stoßen, so dass es meine Seele schmerzt."

Jedes Mal, wenn ich mich aus diesem Brunnen herauszuwinden versuchte, saß Manssur unverrückbar fest obenauf. Er wollte mir weismachen, dass die Grenzen des Himmels nicht größer seien als die Öffnung jenes Brunnens, in dem ich lebte. Er erlaubte mir nicht, über dessen Rand zu schauen. Er dachte, ich wäre wie alle anderen Harim, Weiber, ich würde ihm vertrauen und wie die Frösche daran glauben, dass der Himmel nur so groß ist wie die Öffnung eines Brunnens.

Die Bücher, die Filme und meine lebhafte Fantasie fütterten mich mit der Nahrung vieler Welten. Sie lehrten mich, dass es unter einem weiten Himmel immer auch eine große Erde gibt; dass darauf andere Menschen leben, die andere Ziele verfolgen, als freie Seelen einzusperren! Wie sehnte ich mich danach, diesen Himmel zu sehen und die weite Erde kennen zu lernen samt ihren Feldern, Gärten, Früchten und Menschen. Wie sehnte ich mich nach einem offenen, freien Dialog mit all denen, die mit Verstand reden und nicht ständig mit gekränkten Gefühlen reagieren wie die Harim im Königreich Manssurs.

Diese Harim sind lediglich damit beschäftigt, Kinder zu erziehen, reich gedeckte Tafeln vorzubereiten und sich mit verführerischen Abendkleidern herauszuputzen. Damit glauben sie, ihre Männer fesseln und im eigenen Bett festhalten zu können – in der ständigen Angst, ihre Männer könnten sie verlassen. Um diese Angst zu überspielen, haben sie sich zur Gewohnheit gemacht, sämtlichen alten und überlieferten Anweisungen und Ratschlägen bedingungslos Folge zu leisten. Doch ihr Ziel erreichen sie damit nicht. Im Laufe der Zeit wird ihr Leben zu einem einzigen Alptraum, ständig von der Furcht gepeinigt, doch irgendwann einmal verlassen zu werden. Sie bleiben Gefangene ihrer Kleiderschränke und Kochtöpfe, drehen sich ständig in diesem Kreis, bis sie depressiv und schwach letztendlich vergreisen. Nachts weinen sie in ihre Kissen – aber niemand interessiert sich dafür.

Jeden Tag, wenn er nachhause kam und ich die Pistole an seiner Hüfte hängen sah, überkamen mich teuflische Impulse und ein unbändiges Verlangen, diesem Brunnenschacht zu entfliehen – ich müsste nur die Pistole aus dem Halfter ziehen und ihn im Schlaf erschießen. Kam aber zu der ernüchternden Erkenntnis, dass ich viel zu schwach bin und auch kein Blut sehen kann, selbst wenn es das Blut meines eigenen Gefängniswärters wäre.

16

Im vierten Monat meiner Ehe floh ich schließlich doch aus seinem Haus. Ich nahm meine Kleider mit, in der festen Absicht, nie wieder zu ihm zurückzukehren. Meine Papiere und Hefte, meine Tagebücher, angefüllt mit meinen geheimen Qualen, waren mir allerdings viel wichtiger als meine Kleider. Nach meiner Hochzeit wurde das Geheimnis meiner sicheren Höhle aufgedeckt und meine Chiffren wurden entschlüsselt. Mein Wächter war diesmal nicht meine Mutter, die kaum lesen konnte, sondern Manssur, der es umso besser beherrschte. In meine geheime Höhle einzudringen, war offenbar kein Problem mehr für ihn. Jedes Mal, wenn ich meine Höhle betrat oder verließ, fand ich Spuren eines Einbruchs. Mir wurde klar, dass sie nicht mehr die Sicherheit bot wie früher. Ich musste den Ort wechseln und meinen vertrauten Platz verlassen. Diese Höhle war zur Grundlage meines Lebens geworden. Und die hatte ich jetzt durch Manssur verloren.

Meiner Familie gegenüber legte Manssur alle Auseinandersetzungen, die er mit mir hatte, in eine Waagschale. Das Problem, das er mit mir hatte, stellte er als ein Schlachtfeld dar, das mit der Realität allerdings nichts zu tun hatte. Er sah nur einen einzigen Grund für das Scheitern unserer Ehe und das Absterben unserer Beziehung. Meinem Bruder Ibrahim und meiner Mutter gegenüber führte er an, dass alles, was ich gelegentlich in der Zeitung veröffentlicht und mit meinem richtigen Namen unterschrieben hatte, seinen Kollegen einen willkommenen Anlass bieten würde, sich in geselliger Männerrunde über ihn lustig zu machen.

Bei einem familiären Versöhnungsgespräch, das unseretwegen stattfand, sagte er zu meinem Bruder Ibrahim:
„Wir leben in einer konservativen Gesellschaft, Ibrahim, vor allem wir vom Militär. Du weißt genau, dass keiner von uns den Namen der Frau oder der Harim eines anderen kennt. Ich habe Kollegen aus unterschiedlichen sozialen Milieus. Manche kommen aus der Wüste, andere sind Freiwillige. Für diese einfachen Leute gilt es als schändlich, wenn der Name deiner Frau bekannt wird. Sie machen Witze über dich und untergraben deine Autorität. Hinter deinem Rücken machen sie sich über dich lustig. Unsere militärischen Dienstgrade, Ibrahim, teilen uns ein in verschiedene Klassen, und niemand mit einem niedrigeren Rang sollte es wagen, über dich zu reden, geschweige denn über dich zu lachen, weil er den Namen deiner Frau oder deiner Mutter kennt. Stellt euch vor, Ibrahim und du, Tante, da komme ich eines Tages ins Büro und höre, wie ein Kollege von niedrigerem Rang verkündet: ‚Der Mann von Hind ist da!' Und alle anderen lachten laut los."

Ibrahim schäumte geradezu über vor freudiger Genugtuung, dass ein anderer, stärker als er, es endlich geschafft hatte, mich auf dem Feuer zu grillen, mir das Messer ins Fleisch zu stoßen und die Haut abzuziehen – und dazu noch in seiner Gegenwart!

Darauf konnte ich nur entgegnen:
„Und wer sagt dir, Manssur, dass du ein derart dramatisches Plädoyer halten musst, um Ibrahims Unterstützung zu gewinnen und mich wieder in dein Gefängnis stecken zu können? Reg' dich doch nicht so auf; dein Wunsch wurde verstanden, dein Befehl akzeptiert – Ibrahim hat sowieso die gleiche Meinung wie du."
Kaum hatte ich zu Ende gesprochen, wandte sich Ibrahim Manssur zu, sprach aber mich an, wobei er meine ironischen Worte völlig ignorierte:
„Hind, wenn dein Mann mit deiner Schreiberei nicht einverstanden ist, hast du nach islamischem Gesetz kein Recht, sie zu veröffentlichen!"
Die beiden waren glücklich mit ihrer Übereinkunft. Sie versprachen mir als Entschädigung manches, das schon längst Bestand hatte; einiges war allerdings auch neu. Sie räumten ein, dass ich das Recht hätte, mein Studium fortzuführen. Sie sagten das aber auf eine Weise, als müsste ich trotz meines schon längst praktizierten Rechts immer noch ihre Zustimmung einholen; sie wollten immer wieder neu darüber befinden. Sie wollten mich daran erinnern, dass das Studium kein verbürgtes Recht wäre, sondern davon abhinge, ob ich meinem Mann die angemessene Gehorsamkeit entgegenbrächte. Manssur verpflichtete sich, ein Ehepaar bei uns einzustellen: die Frau als Dienstmädchen und den Mann als Fahrer. Die beiden sollten Manssur während seiner häufigen Abwesenheit ersetzen und mich gemeinsam zur Universität fahren und wieder von dort abholen. So wäre ich nicht allein mit dem Fahrer unterwegs - schließlich wäre er ein fremder

Mann, ergo gehörte es sich nicht, alleine mit ihm unterwegs zu sein.

So kehrte ich also zu dem Punkt zurück, an dem ich einmal angefangen hatte. Wieder veröffentlichte ich meine Artikel unter falschem Namen. Auf dieser Düne aus Sand gab es keine Sicherheit mehr für mich. Immer, wenn ich einen Palast darauf erbaut hatte, wurde er vom Wind zerstört. Kaum hatte ich etwas darauf geschrieben, begrub es der Sand unter sich und tilgte meine Spuren.

Lange Zeit schrieb ich gar nicht mehr, bis ich mich schließlich mit meinem Gefängnis abgefunden hatte. Ich suchte nach einer Ecke, die mir als Schreibplatz sicher genug erschien. Das war der Computer. Ich verschaffte mir einen Internetzugang und richtete eine E-Mail-Adresse ein. Alles, was ich schreiben wollte, meißelte ich in das Herz des Computers ein, dann verschloss ich es. So löschte ich jede sichtbare Spur von mir. Alles verschwand, sobald ich die jeweilige Seite verließ - wie einst der riesige Geist, der in Aladins Lampe kroch, oder wie Rauch, der sich in Luft auflöst. Ich war außer mir vor Freude über diese Entdeckung. Jetzt hatte ich endlich eine neue Geheimschrift, die kein Mensch entschlüsseln konnte, auch nicht Manssur, der des Lesens mächtig war. Sein fauler Zauber und seine Lesekunst konnten nichts mehr gegen meinen neuen Zauber ausrichten; er kam nicht mehr an meine Geheimnisse heran.

Das Schreiben führte mich erneut zu einem Sieg. Jetzt war es ein Sieg über Manssur, nicht mehr über meine Mutter. Jetzt wusste ich es, ich war doch stärker als die beiden. Letztlich habe ich den Kampf um mein Schreiben gewonnen. Mein Handwerk war nun sicher vor Manssur. Niemand konnte mir meine Handwerkskunst stehlen, auch wenn die Familienmitglieder inzwischen zusammenarbeiteten, um meinen Namen, den ich doch mit ihnen teilte, weg zu sperren. Sie wollten nicht einsehen, dass der Familienname mir ebenso gehörte wie ihnen. Für sie bedeutete er jedoch eine Kette, die mich an sie fesselt, aus der ich mich nicht lösen darf. Alle hängen an dieser langen Kette unserer Vorfahren, jeder einzelne stets im Blick des anderen. Es könnte sie in eine peinliche Lage bringen und ihnen das Leben schwer machen, wenn jemand von meinen „Machenschaften" erführe. Für sie war mein Name in der Zeitung nicht etwa ein Beweis dafür, dass sich an die lange Kette der Familie nun auch eine Schriftstellerin mit kreativer Fähigkeit angliederte – Nein! Das durfte nicht sein. Eine Frau, die ihr weibliches Territorium verließ, ihre eigenen Interessen vertrat und ihre Persönlichkeit öffentlich macht. All das sollte – wie ein Heiligtum - ausschließlich im Besitz der Familie bleiben. Es war schlichtweg verpönt, dass Harim, die Weiber, ihre Identitäten preisgaben. Jeder in die Öffentlichkeit gestellte Name würde die ganze Familie mit einbeziehen und sie zur Zielscheibe von Spöttern, Witzbolden und Neugierigen machen, die dann indiskrete und unangenehme Fragen stellen könnten wie:

„Die da in der Zeitung schreibt, gehört die etwa zu deiner Familie?"

Peinlich berührt hätte der befragte Mann gar keine Chance zu überlegen, ob mit dieser Frage ein Lob oder ein Tadel angedeutet würde.
Mein Bruder Ibrahim konterte dann stets:
„Nein, sie ist nicht mit mir verwandt. Der Familienname ist dem unseren allerdings sehr ähnlich!"
Doch sein Gesicht lief rot an, er begann zu schwitzen und hatte dann nur noch den Wunsch, mich mit Säure zu überschütten, damit ich endlich aus seinem Leben verschwände.
Am Anfang unserer Ehe und bevor Manssur die peinigenden Konfrontationen mit seinen Kollegen erlebte, antwortete er in der Regel:
„Sie ist nur entfernt mit mir verwandt."
Mit dieser Antwort wollte er eine Reaktion des Fragenden auslösen und bewerten. Er beschrieb diese Reaktionen immer als gemein und unverschämt, als würde ein fremder Mann deine Frau in deinem Beisein völlig hemmungslos anstarren. Wenn du offensichtlich nichts dagegen hast, dass sich deine Frau unverhüllt zeigt, warum sollte man sie dann nicht genauer unter die Lupe nehmen dürfen?

Genauso lief es ab. Am Anfang unserer Ehe hatte sich Manssur damit einverstanden erklärt, dass ich mit freiem Gesicht aus dem Haus ging und nur meine Haare mit einem schwarzen Tuch bedeckte. Als er aber merkte, dass die Männer, die an uns vorbeigingen oder in ihrem Auto neben uns herfuhren, mich schamlos anstarrten und jede unserer Bewegungen mit ihren Blicken verfolgten, wurde er strenger. Schließlich befahl er mir, das Gesicht zu bedecken, sobald ich auch nur aus der Haustür trat.

Das geschah unmittelbar nach jenem Vorfall an einer roten Ampel, als ein junger Mann, dessen Auto neben uns anhielt, sich mit seinem ganzen Körper nach uns umdrehte und uns dreist und unverschämt anstarrte. Manssur fragte ihn verärgert:
„Wäre es nicht einfacher, wenn du gleich ganz zu uns rüber kämst!"
„Wenn es dir nicht passt, dass wir deine Frau anschauen, dann verdeck sie doch!" sagte der Mann bissig.

17

Ich begann erneut mit dem Schreiben, dieses Mal unter dem Pseudonym „Hind Abdul-Muhssin“ – mein Vorname und der Vorname meines Großvaters, ohne Familiennamen. Manssur fing wieder an, überall herumzuschnüffeln. Er fand allerdings keine Papiere, die mich hätten verraten können, und keine Geheimnisse, die er hätte aufdecken können. Wenn ich aus dem Haus ging, stellte er den Computer an und suchte in allen Dateien, aber er fand nichts, was auf mich hinzuweisen vermochte. Er fragte sich wohl selbst: „Wo versteckt dieses Weib bloß ihre Geheimnisse? Ich bin mir sicher, dass sie hinter „Hind Abdul-Muhssin“ steckt. Bestimmt ist das ihr Deckname!“

Als er diesen Namen in der saudischen Zeitschrift Al-Madjalla las, hatte er keinen Zweifel mehr daran, dass ich die Vereinbarung gebrochen hatte. Ich schickte dieser Zeitschrift meine Artikel oft per Post zu. Manchmal spottete er ganz offen über den einen oder anderen Satz in meinen Artikeln und deutete an, dass er mein Spiel durchschaut hätte. Er wagte es aber nicht, mich direkt damit zu konfrontieren, und ich wagte es nicht, mich offen dazu zu bekennen. Genüsslich und in aller Ruhe setzte er sein Spiel „der Jäger und sein Opfer“ mit mir fort. Erst setzte er mich unter Druck, beruhigte mich dann wieder und ignorierte mich schließlich, als interessierte ihn die ganze Sache überhaupt nicht – bis ich kurz vor dem Zusammenbruch stand und schon alles zugeben wollte. Doch dann zog ich es vor, eine Zeit lang nicht mehr zu schreiben und alles erst einmal neu zu arrangieren, um den Hals meines Schreibstiftes vor dem Galgen zu retten, den Manssur, Ibrahim und Heele schon errichtet hatten. Ich überlegte mir, dass ein völlig anderer Name als Hind Abdul-Muhssin vielleicht keinen Verdacht mehr wecken würde. Ich wollte auch nicht mehr für eine saudische Zeitung schreiben, sondern meine Artikel in einer Zeitung der Arabischen Emirate veröffentlichen. Die würde er nämlich gar nicht zu Gesicht bekommen. Dessen konnte ich mir sicher sein, weil diese Zeitung in seinem Büro nicht auflag. Manssur war immer darauf erpicht, die Zeitung von vorne bis hinten zu lesen, vor allem die Artikel weiblicher Autoren. Ich nannte mich jetzt Zarqa Al-Yamama, „Seherin von Al-Yamama". Die Artikel unter diesem Namen stießen in den Golfländern unter Literaturinteressierten auf einiges Interesse und zogen unter anderem auch die Aufmerksamkeit solcher Leser auf sich, die dann Kommentare zu meinen Artikeln verfassten. Sie schrieben Leserbriefe und spekulierten darüber, was diese „Seherin", wohl mit ihren Artikeln beabsichtigte. Manche meinten, eine jener besonders mutigen und verwegenen Schriftstellerinnen vor sich zu haben. Ich las das immer wieder und traute mich nicht zu bekennen: so bin ich gar nicht!

Ich war zwar diese Frau. Aber weder war ich mutig, noch verwegen. Also schwieg ich, weil es wohl niemanden gab, der der „Seherin" diese Wahrheit abgenommen hätte.

Nachts träume ich oft, dass ich unentwegt renne, bis ich ganz außer Atem geraten endlich irgendein Verkehrsmittel erreiche – mal ist es ein Bus, mal ein Flugzeug, das schon gestartet ist, bevor ich einsteigen kann, oder auch mal ein Auto - das von Manssur. Jedes Mal, wenn ich das Verkehrsmittel am Ende dann doch noch erreiche, stelle ich fest, dass ich mit Manssur zusammen an einem anderen Ort bin. Viele Frauen begleiten uns. Sie sind mir unbekannt, teilweise ganz verschleiert, teils ohne Gesichtsschleier; jedenfalls haben sie fremde Gesichter. Einmal bin ich zusammen mit Manssur und einer anderen Frau, die mit mir an der Universität studiert. Sie heißt Husan, und Manssur ist in ein intimes Gespräch mit ihr vertieft. Jedes Mal, wenn ich versuche, das Gespräch zu unterbrechen, ignoriert er mich einfach und sich wendet wieder ihr zu. Ich werfe mit einem leeren Honigglas nach ihm. Ich werde wach.

Mein Leben mit Manssur war wie ein leeres Honigglas. Was ich anfangs noch für ein Glas voller Honig hielt, erwies sich nach unserem Honeymoon als leerer Behälter, der mit einem Nichts angefüllt war. Neben Manssur fühlte ich mich wie ein winziger Zwerg, der vor einem gigantischen, zornentbrannten Riesen steht. Mir blieb nichts anderes übrig, als dem Riesen kräftig in den Fuß zu beißen. Dieser Riese verbaute mir mein Leben, entschied über mein Dasein, mischte die Karten meines Lebens. Außerdem bestimmte er die Art und Weise, wie er mit den Harim, den Weibern, leben wollte und welchen Charakter dieses Zusammenleben haben sollte.

Eines seiner Prinzipien lautete: Frauen keine tiefen Gefühle zeigen, das bringt die Männer um. Frauen sind zum Vergnügen da, nicht für die Liebe. Ein selbstbewusster Mann wird einer Frau keine Geheimnisse anvertrauen, weil alle Frauen von Natur aus Klatschweiber sind, und nur darauf erpicht, Geheimnisse mit anderen Frauen auszutauschen. Außerdem wird derjenige, der sich zuviel mit Frauen abgibt, als Schwächling und Weichling enden. Ein erfolgloser Mann wird deshalb von anderen oft als Muttersöhnchen verspottet. Gründe genug, nicht allzu sehr auf Frauen einzugehen, das Zusammenleben mit ihnen oberflächlich zu gestalten und keine Tiefe zuzulassen. Frauen haben sich im Hintergrund zu halten und dürften keine Stellung auf den höheren Rängen des Lebens einnehmen. Ihr Platz ist immer und überall hinten, das gilt für das Herz des Mannes, sein Leben und sein Haus.
In unseren Häusern ist es tatsächlich so, dass das Gästezimmer für die Frauen immer im hinteren Teil des Haus liegt, ebenso ihre Wohnräume. Oftmals gibt es sogar separate Eingänge für Frauen, die sich ebenfalls im hinteren Teil des Hauses befinden.

Seit die Städte zunehmend größer wurden, die Männer mehr arbeiten mussten, mehr Aufgaben und mehr Geld hatten, hatten sie keine Zeit mehr, ihre Frauen bei deren täglichen Besorgungen zu begleiten. Also sorgten sie dafür, dass die Frauen unter den sich verändernden Verhältnissen, sogar im Auto, auf die hinteren Plätzen verbannt wurden – so wie es bei mir der Fall war, nämlich hinter meinem philippinischen Fahrer, völlig verschleiert und von der Außenwelt abgeschirmt.

Manssur rechtfertigte diese Isolierung und Verschleierung der Frau mit einem einzigen Argument, das er offenbar auswendig gelernt hatte: die Frau ist des Satans Schlinge, die Verführung in Person, die Hexe, die der Liebe nicht widerstehen kann. Sie verführt den Mann mit ihrer Hexerei, und wenn er darauf eingeht und ihrer Verlockung erliegt, wird er unter ihrem Einfluss zum Gespött der Männer. Welche Verführungsstrategien Manssur den Frauen auch immer in die Schuhe schob – ich schaffte es jedenfalls nicht, ihn zu verführen. Ich konnte ihn weder verhexen noch bezaubern, geschweige denn verlocken. Nach Ansicht von Leutnant Manssur verliert die Frau ihre Zauberkraft und ihr Jäger seine erregende Lust auf sie, sobald sie seine Ehefrau geworden sei. Sie ist ja ständig da und er sieht sie jeden Morgen, damit ist sie wie eine erlegte Beute, die ihren Reiz verloren hat.

Eines Tages kam Mansur nach einer „geheimen militärischen Mission“, wie er solche Reisen meistens nannte, nachhause. Als ich seine schmutzige Wäsche in die Waschmaschine packen wollte, verbreitete sich ein Geruch von Frauen, ein Geruch heimlicher Lust. Ich begann allmählich zu verstehen, dass er nur solche Frauen begehrte, die ihm geheimnisvoll erschienen und die nicht leicht zu haben waren. Nur solche Frauen konnten ihm Erregung und Lust verschaffen, eine Lust, die es im Schlafzimmer seiner Ehefrau nicht gab. Je häufiger

seine „geheimen Missionen“ wurden, umso mehr verdächtigte er mich des Betrugs. Er intensivierte seine Abhörtechniken, um mich zu belauschen. Ich bekam mit, wie er das Dienstmädchen verhörte und ausfragte, wann ich wegginge und wann ich zurückkäme. Vom Fahrer wollte er wissen, welche Häuser ich besucht hatte. All diese Berichte, die er sammelte, und sämtliche Anmerkungen, die er auf meine Universitätspapiere kritzelte, reichten ihm nicht: seine haltlosen Verdächtigungen gegen mich wucherten immer weiter. Eines Tages kam er dann früher von der Arbeit heim, schlich sich wie ein Dieb ins Haus und überraschte mich dabei, wie ich auf dem Sofa lag und mit meiner Schwester Awatif telefonierte. Er hielt mir seine Pistole an den Kopf und herrschte mich an:
„Mit wem redest du?“
Der Telefonhörer fiel mir aus der Hand. Erschreckt rannte ich in mein Zimmer und weinte. Awatif, die am anderen Ende der Leitung war, schrie durchs Telefon:
„Hind, was ist denn nur los?“
Er nahm den Hörer in seine Hand, und als er ihre Stimme hörte, legte er einfach auf.

Ich ging in mein Elternhaus zurück, als ich mit May schwanger war. Ammusche beruhigte meine Mutter mit den Worten:
„Gib ihr Zeit, das sind nur diese Gefühlsschwankungen in der Schwangerschaft; da hassen die Frauen oft ihre Männer.“
Meine Mutter ließ mir Zeit – und als die Gefühlsschwankungen vorbei sein mussten, wie sie meinte,

sollte ich zu ihm zurückgehen. Ich lehnte es strikt ab, zu Manssur zurückzukehren, und Manssur lehnte es ab, in die Scheidung einzuwilligen. Er sagte: „Du wirst lebenslang in der Luft hängen: weder geschieden noch verheiratet. Mit deiner Sturheit wirst du nichts erreichen. Du wirst in meinem Besitz bleiben. Dein Zügel bleibt in meiner Hand und ich werde ihn nie loslassen, ganz gleich, wohin du gehst. Ich werde dich nie verstoßen! Das würde dir so passen."

Ammusche verstand meinen Kummer besser als meine Mutter. Sie erzählte mir von anderen Frauen, die ihre Häuser verließen, weil sie es mit ihren Männern so schwer hatten. Meine Mutter mischte sich dann ein:
„Wenn jede Frau deswegen ihr Zuhause verlassen würde, bliebe keine Ehefrau mehr in ihrem Haus!"

Wie immer wollte meine Mutter meinen Willen unterdrücken und missachten. Aber meine Seele konnte ihrer Belagerung entkommen und rebellierte so gut es ging. Die langen Arbeitstage im Krankenhaus ermöglichten es mir, viel Zeit außerhalb ihrer Reichweite zu verbringen. Auch mein Gehalt befreite mich von ihrer totalen Herrschaft. Ich war immer weniger auf sie angewiesen. Vorübergehend akzeptierten wir beide diesen Zustand, der so lange andauerte, bis ein - letztlich von keiner Seite erklärter - kalter Krieg zwischen uns ausbrach.

Meine Bedürfnisse waren äußerst bescheiden: meine Arbeit, ein Schlafzimmer für mich allein und hin und wieder ein Einkaufsbummel. Trotzdem stachelte meine Mutter meinen Bruder Ibrahim immer wieder mit allen Kräften an, seine Hunde auf mich zu hetzen. Mir war klar: nach außen hin versteckte sie sich hinter ihm und spielte die reine Unschuld. Aber sie verteidigte sein Tun und sagte, dies sei ein männliches Recht, welches die Männer aus Tradition über die Frauen ihrer Familien ausübten. Es sei Zeichen ihrer Männlichkeit und ihres Besitzanspruchs. Ein Mann, der nicht so handelte, sei kein richtiger Mann.

Ich sagte zu Ammusche:

„Schau mal in die Zeitung, Ammusche; ich habe das hier geschrieben, und hier steht mein Name."

„Bitte, Hind, kannst du es mir vorlesen?" fragte sie in ihrer liebenswürdigen Art.

Ich las laut vor, was ich geschrieben hatte. Awatif hörte auch zu und verstand alles, aber Ammusche hatte Schwierigkeiten, die Worte zu begreifen, obgleich ich zwischen den einzelnen Sätzen immer wieder Erklärungen gab. Aber sie freute sich für mich und war stolz auf mich. Ich sah in ihren Augen etwas glänzen. War das einfach nur so ein Glanz mitten in ihrem schwarzen Gesicht, oder erinnerte sie sich an irgendetwas und weinte? Als ich fertig war, sagte sie mir:

„Ach, Hind, gestern noch warst du ein Kind und jetzt bist du schon erwachsen."

„Mein Gott! Wie bringst du es nur fertig, Hind, so etwas zu schreiben? Das ist so wunderschön, dass einem ganz schwindlig wird." sagte Awatif.

„Ibrahim ist da aber ganz anderer Meinung."

„Ignoriere ihn einfach, schreib unter einem anderen

Namen. Was hältst du zum Beispiel von ‚Flüstern des Meeres' oder ‚Duftende Wüstenblume'?"
„Aber Awatif, bin ich denn vom Schicksal dazu verdammt, mich immer wieder verstecken zu müssen? Ich trage eine Maske hier zuhause, eine Maske im Krankenhaus, eine andere bei gesellschaftlichen Anlässen und Besuchen, und selbst für das Schreiben benötige ich eine Maske … weißt du, Awatif, das Schreiben ist mein Widerstand gegen diese Maskerade; es ist geradezu ein Mittel, sich dieser Masken zu entledigen. Ich habe Angst, mein wahres Gesicht hinter all den Masken zu verlieren."
„Dann telefoniere doch mit Fahd in Kanada und sage ihm, dass wir ihn jetzt brauchen. Er soll Ibrahim irgendwie stoppen. Er soll ihn dazu bringen, sich nicht länger in unsere Angelegenheiten einzumischen. Schließlich ist Fahd unser ältester Bruder."

Doch ich befolgte diesen Rat nicht.

18

Mein Bruder Fahd ... der älteste Sohn, der von meiner Mutter verwöhnte Junge ... Wir nannten ihn manchmal Jussif, „Lieblingssohn". Wir waren sehr eifersüchtig auf ihn, weil unsere Mutter ihn förmlich mit ihrer Liebe überschüttete, obgleich sie von ihrer Natur her eigentlich niemanden so recht lieben konnte. Umso auffälliger war es, dass es offenbar doch diese Ausnahme gab. Ihre Liebe färbte jedoch nicht im Geringsten über Fahd hinaus auf uns andere ab. Er war ihr Erstgeborener und ihre erste Freude. Als Kind war er schwach, tat alles, was sie von ihm verlangte und widersprach ihr nie, wie wir Mädchen es häufig machten. Fahd genoss viele Vorteile, die uns jüngeren Geschwistern nicht vergönnt waren. Und dennoch: Fahd war feinfühlig und friedlich wie mein Vater; er mochte sich nicht in Kämpfe verwickeln oder mit anderen prügeln. Meine Mutter hoffte, Fahd würde einmal der Mann sein, an dessen Seite sie kämpfen würde und mit dessen Hilfe sie ihre Machtposition in der Familie ausbauen könnte. Sie versuchte, ihn gegen uns aufzuhetzen und behandelte ihn so, als wäre er der Herr des Hauses. Sie übertrug ihm keinerlei Aufgaben im Haushalt, noch nicht einmal kleinere wie zum Beispiel den Broteinkauf. Das mussten immer wir erledigen. Von ihm erwartete sie Größeres, Wichtigeres! Sie erwartete, dass er Befehle erteilen, schimpfen und uns züchtigen würde. Aber Fahd enttäuschte meine Mutter, als er seine Flügel nicht wie ein Adler über ihr Haus ausbreitete und nicht mit den Klauen die Beute ergriff. Im Gegen-

teil, sobald ihm seine Flügel gewachsen waren, flog er weit weg. Er flog weg, um sich von ihrer erstikkenden Liebe zu befreien. Ein Mensch wie meine Mutter erdrosselt den, den sie liebt.
Sie stellte Erwartungen an Fahd, die seinen Eigenschaften überhaupt nicht entsprachen: ständig sollte er seinen Schwestern gegenüber misstrauisch sein, ihre Sachen durchsuchen, sie auf dem Schulweg verfolgen, sie aus der Gasse vertreiben, sobald er sie mit Jungen spielen sähe. Er sollte sie an den Haaren ziehen, bis sie zu weinen anfingen und nachhause zurückschleifen ... aber all das tat er nicht.

Er konnte einfach nichts von dem tun, was sie von ihm erwartete. Sein Charakter war dem meines Vaters sehr ähnlich. Er war auch ganz anders als die strengen Brüder meiner Mutter, die sie damals an den Haaren gezogen und ihr das Lesenlernen verboten hatten. Die Angst und Furcht vor ihren Brüdern ist sie ihr Leben lang nicht losgeworden. Fahd fand es nicht schlimm, wenn seine Schwestern auf der Straße spielten. Als in seiner Mannschaft einmal einer fehlte, bat er mich mitzuspielen. Er unterstützte mich, wenn ich mit seinen Kameraden Karten spielte. Ich sollte sie besiegen und er klatschte begeistert Beifall, wenn es mir gelang. Er respektierte mein Recht zu gewinnen und den Gewinn zu behalten.
Als wir älter wurden und mir das Spielen auf der Straße verboten war, kaufte er mir, was ich mir an Büchern nur wünschte. Er war zu allen Menschen freundlich und liebenswürdig – ein zahmer Vogel,

kein Raubvogel. Er liebte die Freiheit über alles und freute sich, wenn auch andere sie so erlebten wie er. Er hatte die einzige Liebe, die meine Mutter zu vergeben hatte, für sich gewonnen und genossen, dann flog er weg, wie ein freier Vogel. Fahd hat - wie viele seiner gleichaltrigen Kameraden - gerne Gedichte in der Umgangssprache geschrieben, gerne Kriminalromane gelesen und schaute sich mit Vorliebe amerikanische Filme an. Seine besondere Begeisterung galt lange Zeit dem Fußball. Er wollte eines Tages ein berühmter Fußballspieler werden. Wenn meine Mutter aber einmal wütend auf ihn war, zerriss sie seine Trikots und drohte ihm: „Wenn du auch nur daran denkst, Fußballspieler zu werden, brauchst du gar nicht mehr zu mir kommen. Mein Herz würde dich verfluchen bis zum jüngsten Tag."

Er hatte immer ein Tagebuch bei sich, in das er abends seine täglichen Erlebnisse schrieb. Sein Buch war mein Fenster zu dem Leben, das mir verwehrt war. Sobald er eingeschlafen war, schlich ich mich zu ihm hinein und las, was er geschrieben hatte.

Ich liebte Fahd mehr als alle meine anderen Geschwister. Dank seines Tagebuchs lernte ich ihn sehr gut kennen. Ich liebte seine Gedanken und seine einfache Lebensart, seine pulsierende Zärtlichkeit.

Gleich, nachdem er die Oberstufe beendet hatte, verließ das Haus. Er erzählte mir, dass ihm durch seine Arbeit als Praktikant bei einer amerikanischen

Ölfirma eine Wohnmöglichkeit zur Verfügung stünde, weit weg von uns. Er kam in mein Zimmer, um eine Zigarette zu rauchen. Als ich seine glimmende Zigarette sah, meinte ich zum Spaß: „Darf ich auch mal?"
Ich hielt die Zigarette wie eine Schauspielerin. Er ließ zu, dass ich sie mir zwischen die Lippen steckte und lächelte erstaunt. Ich zog einmal an der Zigarette und pustete dann so kräftig, dass die Asche weg flog. In diesem Moment kam meine Mutter herein. Fahd lachte, als ob er meiner Mutter sagen wollte, das sei doch ein Spaß, bloß ein Spaß, während ich vor Angst fast erstickte. Meine Mutter griff sich die Schuhe von Fahd, die ordnungsgemäß vor dem Zimmer standen, und bewarf mich damit, während sie zu Fahd sagte:
„Meine ganze Erziehung, die ich dir gab, war umsonst! Ich habe gehofft, dass du ein Mann würdest, der seiner Schwester Grenzen setzt!"
Meine Mutter war zutiefst enttäuscht und hörte damals vielleicht auf, noch große Hoffnungen in ihre Söhne zu setzen.

Fahd hasste Gewalt, und dieser Hass wurde noch viel stärker an jenem Tag, an dem seine Mutter ihm selbst Gewalt antat, ausgerechnet seine Mutter, die das Fenster der Liebe in seinem Leben war. Das geschah in seinem letzten Schuljahr, als er einmal spät nachhause kam und wir schon schliefen. Meine Mutter war im Elternschlafzimmer und wartete im Dunkeln auf ihn. Als sie merkte, dass er das Haus betrat, gab sie meinem Vater ein Zeichen und sagte: „Er ist zurück, los jetzt!"

Mein Vater ging zu ihm ins Zimmer. Fahd wollte, wie es seine Gewohnheit war, noch eine Weile lesen. Vater zog ihn an den Haaren und schlug mit der Kordel seiner Kopfbedeckung auf ihn ein. Meine Mutter stand daneben wie ein Richter, der die Schläge zählte und die Urteilsbegründung verlas:
„Ha ... immer noch rauchst du! Weiß Gott, mit wem du dich heute Abend herumgetrieben hast! Jeden Tag stinkst du nach Zigarettenrauch! Du stinkst wie die Pest!"
Durch den Krach wurde ich wach. Die zornige Stimme meiner Mutter, das Seufzen meines Vaters, der durch das Verteilen der vielen Schläge allmählich erschöpft war, und die schwache Stimme Fahds, der sein Gesicht vor den Schlägen zu schützen versuchte und unterwürfig bat:
„Bitte, Vater, schlag mich nicht. Bitte, Mutter, sag ihm, er soll aufhören. Ich werde es nie wieder tun. Ich schwöre bei Gott, ich mach es nie wieder!"
Mein Vater griff selten zu Schlägen. Meine Mutter war diejenige, die ihn zum Prügeln angetrieben hatte, als sie den Zigarettenrauch an Fahds Kleidung roch. Damals war Rauchen verpönt. Niemand in unserer Familie rauchte. Der Sender meiner Mutter verbreitete die Nachricht über Fahds Rauchvergehen wie üblich auf eine Art und Weise, die die Zuhörer erschreckte, da sie mit unheilvollen, üblen Weissagungen gespickt war. Das ließ meinen Vater blindlings reagieren und zum Stock in der Hand meiner Mutter werden. Gewöhnlich belohnte sie ihren Mann nach solchen Vorfällen damit, dass sie ihren Körper gern und ge-

duldig seinen Händen überließ; jetzt hatte er es sich ja wirklich verdient, mit ihr zu schlafen. Jetzt war er ein richtiger Mann.

In dieser Nacht ist Fahd verschwunden – drei Tage und drei Nächte war er fort. Dann kehrte er aber wieder nachhause zurück, weil seine Schulprüfungen bevorstanden. Er vermied es allerdings, sich längere Zeit zuhause aufzuhalten und gab dafür Erklärungen ab, die weder meiner Mutter noch meinem Vater gefielen. Sie wussten nur, dass er sich in bekannter Umgebung aufhielt, sahen aber wegen der bevorstehenden Prüfungen darüber hinweg. Als er merkte, dass sie sich sehr dafür interessierten, wie es um seine Prüfungen stand, und als sie ihn besorgt danach fragten, gab er bei der letzten Prüfung seine Papiere leer ab. Er wollte ihnen damit sagen, dass er in diesem Fach nicht aus Faulheit durchfallen würde, sondern weil er absichtlich nicht bestehen wollte. Er wollte bewusst durchfallen, um seine Eltern so für jene bittere Nacht zu bestrafen.
Er fand eine Arbeit bei einer saudisch-amerikanischen Ölfirma. Sie bereiteten die jungen Leute nach dem Schulabschluss für ein Stipendium im Ausland vor, indem sie ihnen zunächst ein neunmonatiges Praktikum in der Firma anboten. Für Fahd war das eine willkommene Möglichkeit, von zuhause wegzukommen. Er liebte seine Mutter immer noch sehr und wollte nicht, dass ihre Liebe zu ihm und seine Liebe zu ihr verloren ging, nicht einmal in Gedanken. Deshalb wohnte er lieber im Wohnblock der Firma, um zu Hause keine weiteren Konflikte auszulösen. Jetzt sahen wir ihn nur noch

selten, vermissten ihn aber nicht so sehr, da uns selbst seine Anwesenheit kaum auffiel – so feinfühlig und zurückhaltend war sein Verhalten.
Meiner Mutter gegenüber sagte er nichts von seinem geheimen Plan, ins Ausland zu gehen. Er wollte sie nicht zum Widerspruch reizen. Er hatte Angst, sie würde wie immer erpresserisch eine Entscheidung von ihm verlangen: „Entweder ich oder der Fußball! Ich oder das Rauchen!" Und diesmal könnte sie vielleicht sagen: „Entweder ich oder das Ausland!" Aber im Grunde entschied er sich letztendlich immer für das, was er wollte. Und sie vermied es seit jeher, ihn an ihre Drohungen bei solchen Streitereien zu erinnern.
Sechs Monate nach dem Tod meines Vaters fuhr er weg. Nach einigen Monaten rief er meine Mutter an und teilte ihr mit: „Ich bin jetzt als Stipendiat in Kanada."

Um zehn Minuten vor acht erreichte ich das Krankenhaus. Dort wartete ein älterer Mann von etwa sechzig Jahren. Aus seinen Augen sprach große Sorge, nervös rieb er sich die Hände. Kaum war ich da, fragte er mich:
„Wo ist denn die Chefin?"
Ich warf einen Blick auf ihre Tür, dann auf meine Uhr:
„Sie ist noch nicht da! Kann ich etwas für dich tun?"
„Ich muss unbedingt mit ihr reden. Die Angelegenheit ist dringend und wichtig!"
Die philippinische Sekretärin kam ein paar Minuten später. Ich wies ihn darauf hin, dass dies ihre

Sekretärin sei und dass er seine Telefonnummer bei ihr hinterlassen könnte; die Chefin würde ihn direkt nach ihrer Ankunft anrufen.

„Ich warte lieber."

Ich ging in mein Büro. Fünf Minuten später kam Schatha herein und fragte mich:

„Weißt du eigentlich, wer der Mann da draußen ist?"

„Nein."

„Er ist der Vater von Djahir. Er will mit Sarah sprechen. Es scheint, es geht um etwas Schwerwiegendes!"

„Djahir ist heute noch nicht gekommen. Glaubst du, dass ihr etwas passiert ist?"

Schatha versuchte, Sarah mit dem Handy anzurufen, aber sie antwortete nicht. Ich fragte den Mann, während ich ihm von meinem Kaffee einschenkte:

„Ist alles in Ordnung mit Djahir?"

Nachdem er ein paar Schlucke getrunken hatte, fühlte er sich offenbar etwas erleichtert und fasste Vertrauen, zumal er sah, dass ich den Gesichtsschleier trug. Er sagte:

„Djahir ist geflohen!"

„Was?!"

„Ihre gewissenlosen Brüder haben ihre Flucht mit einem pakistanischen Arzt, der hier im Krankenhaus arbeitet, gedeckt. Gestern suchte mich ihr Bruder Dahim auf und sagte: ‚Sie ist mit ihm nach Amerika geflogen, und sie werden dort heiraten.' Alle haben sich gegen mich verschworen und ich bin der letzte, der es erfahren hat. Aber ich werde diese Angelegenheit nicht auf sich beruhen lassen, ich werde ihnen das Haus über ihren Köpfen anzünden, ich werde sie vor das islamische Gericht bringen! Ich werde sie alle bestrafen!"

„Beruhige dich doch, beruhige dich, Onkel. Meine Freundin Schatha ruft Sarah an, damit sie möglichst schnell kommt!"

Das Telefon klingelte. Schatha hob den Hörer ab. Sarah war in der Leitung. Schatha sagte mit leiser Stimme:

„Djahirs Vater wartet hier. Er möchte eine wichtige Angelegenheit mit dir besprechen. Djahir ist aus dem Land geflohen, um Akber zu heiraten, den pakistanischen Arzt. Der Vater ist sehr aufgebracht und gibt der Abteilung die Schuld."

Keine halbe Stunde später saßen Sarah und Djahirs Vater in ihrem Büro und redeten hinter geschlossener Tür miteinander.

Die Nachricht von Djahirs Flucht verbreitete sich wie ein Lauffeuer im ganzen Krankenhaus. Diese Djahir, die so krampfhaft an den Traditionen festhielt, uns für jede kleinste Abweichung tadelte und sich als Richterin über Moral und Anstand aufspielte, flüchtete ohne Wissen ihres Vaters mit einem Mann! Aus der Gerüchteküche zog ein Hauch von Verleumdung und Tratsch durch alle Wandelgänge des Krankenhauses. Schließlich hatte Djahir bis gestern Abend noch mit uns zusammen im Krankenhaus gearbeitet. Jeder, der sie kannte, war verblüfft über ihr Verhalten, viele Kolleginnen und Kollegen konnten die Neuigkeit kaum glauben. Als Djahirs Vater das Büro verlassen hatte, bestätigte Sarah die Nachricht. Die Kollegen, die sich mit Djahir gefühlsmäßig verbunden fühlten, diskutierten darüber und gaben liberale und offene Gedanken preis, anders als es sonst unter ihnen üblich war. Sie suchten nach einer Rechtfertigung für sie:

„Djahir ist eine reife Frau. Sie hat ihre Familie versorgt, die Mutter und die kleineren Brüder, nachdem ihr Vater egoistisch und geizig, wie er ist, alle verlassen und sich eine jüngere Frau gesucht hatte, mit der er sich vergnügte und weitere Kinder zeugte. Die Familie ließ er - moralisch wie finanziell - ohne jegliche Unterstützung zurück. Djahir zog ihre Brüder groß und unterstützte alle, bis sie erwachsen waren. Die Brüder wussten von ihrem Fluchtplan und standen auf ihrer Seite."

Ein anderer Kollege sagte:

„Was Djahir tat, verstößt nicht gegen die Gesetze des Islam. Sie ist geschieden und keine Jungfrau mehr. Nach dem Gesetz durfte sie nach ihrer eigenen Wahl selbstständig heiraten. Und nicht zu vergessen: dieser Arzt Akber ist ein gläubiger, muslimischer Mann!"

Djahir hätte in der jetzigen Situation nie soviel Sympathie bekommen, wenn sie nicht früher ihren starken Glauben so deutlich gezeigt hätte. Sarah sagte:

„Das ist jetzt alles nicht so wichtig. Der Vater von Djahir sucht nun den Mann, der seiner Tochter geholfen hat, den Flughafen ohne seine schriftliche Zustimmung zu verlassen. Er glaubt, dass einer ihrer Kollegen hier im Krankenhaus ihr dabei geholfen hat, das Gesetz zu übertreten. Allmächtiger Gott, wir wollen keine Skandale. Was werden die Leute über meine Abteilung sagen? Vielleicht heißt es dann, dort flüchten die Frauen mit ihren Geliebten? Das ist eine Blamage und eine Schande für meine Abteilung. Das könnte auch meinem guten Namen schaden. Der Ruf der Abteilung ist für mich jetzt wichtiger als alles andere. Ich werde sofort gehen und mit dem Chef des Krankenhauses sprechen, falls der Vater von Djahir mir nicht schon zuvorgekommen ist!"

Schatha flüsterte mir zu:

„Ich wette, die Eifersucht hat sie gepackt. Sie ist doch nur neidisch auf Djahir und wünschte, sie könnte es auch so machen!"

Ich lachte. Meine andere Kollegin, die so gerne herumspioniert, schaute mich an, zwinkerte mir mit einem Auge zu und fragte:

„Und was hat Schatha dir gerade gesagt?"

„Schatha wünschte sich, sie wäre jetzt an Djahirs Stelle!" flunkerte ich.

Unsere Schnüfflerin lachte und glaubte es mir aufs Wort.

Ein weiterer Kollege meinte:

„Es könnte ja auch einer ihrer Brüder gewesen sein, der ihr die Erlaubnis verschafft hat, das Land zu verlassen?"

Sarah hörte nicht mehr, was er sagte. Sie hatte bereits das Abteilungsbüro verlassen, um in ihr eigenes Büro zu gehen. Sie öffnete ihre Handtasche, nahm einen Lippenstift heraus und zog ihre Lippen nach. Dann nahm sie ihre Parfümflasche heraus, besprühte sich von oben bis unten und verließ ihr Büro. Der Duft ihres ganz besonderen Parfüms namens Angel, „Engel", erfüllte noch lange den ganzen Flur.

Walid kam in unser Büro. Wir beide, Schatha und ich, sagten nichts, saßen fast ehrfurchtsvoll und still da. Walid fragte:
„Na, ihr beiden? Was ist los? Hoffentlich nichts Schlimmes."
Schatha erzählte ihm die ganze Geschichte. Er hörte sie sich alles völlig gelassen an und sagte dann:
„Großer Gott! Wer auch immer Djahir beim Verlassen des Landes geholfen hat, er verdient das Paradies!"
„Was? Ich traue dir zu, dass du derjenige warst, der ihr geholfen hat. Du bist so ein Selbstmordattentäter!" sagte Schatha.
„Ich bin Selbstmordattentäter nur in Sachen Liebe." sagte er, schaute mich dabei an und fuhr fort:
„Aber ganz im Ernst, leider bin ich nicht dieser Helfer. Aber warum seid ihr so bedrückt und du so verärgert, Schatha? Die Frau hat doch nichts Falsches getan. Ganz im Gegenteil, es ist ihr gutes Recht. Allein die Umstände haben sie dazu gezwungen, das Land zu verlassen, um ihr islamisches Recht in der christlichen Welt wahrnehmen zu können. Ist das nicht verrückt?"
„Ich habe nichts gegen ihr Vorgehen, Walid. Mich ärgert nur, dass sie uns etwas vorgespielt hat, eine Rolle, in der sie ständig im Namen des Islam gegen die Freiheit der anderen auftrat. Wenn sie jetzt hier wäre und würde diese Geschichte über eine andere Person hören, würde sie bestimmt gegen die Betreffende zu Felde ziehen. Mit Sicherheit wäre sie die Speerspitze aller Gegner und Kritiker. Weißt du ei-

gentlich, Walid, dass sie sich ein tägliches Programm auferlegt hatte, das sie konsequent einhielt und von dem sie glaubte, dass Gott sie einst belohnen würde? Dafür studierte sie jeden Tag die Zeitungen und sammelte Artikel von bestimmten Schriftstellern, die in ihren Augen zu weltlich waren. Sie verfasste Beschwerden über sie und schickte sie dem Gremium der obersten Religionsgelehrten zu. Sie verlangte von ihnen, Stellung zu beziehen und einzugreifen, um dem negativen Einfluss dieser Schriftsteller auf die Jugend Einhalt zu gebieten. Ein Arzt mit langem Bart unterstützte sie dabei. Ich sah ihn manchmal, wenn er hier in unserem Büro bei ihr vorbeikam, manchmal hörte ich zu, wenn sich die beiden über die Antworten des einen oder anderen Gelehrten unterhielten.

„Wie kannst Du so sicher sein, dass sie aus Bosheit gehandelt hat?"

„Einmal erzählte sie mir von dem Artikel eines Schriftstellers, Abdullah Bin Bchiet. Ich sagte ihr: ‚Ich habe seinen Artikel nicht gelesen und es wäre schön, wenn du ihn mir ausleihen würdest!' Am nächsten Tag brachte sie mir diesen und viele andere Artikel von ihm. Es schien, als hätte sie eine eigene Akte über ihn angelegt. Über jedem Artikel fand ich handschriftliche Anmerkungen wie beispielsweise diesen: ‚Das ist ein offener Aufruf für die Befreiung der Frauen, mein muslimischer Bruder! Beeile dich und gehe gegen die Gedanken dieses Schriftstellers vor! Setz dich mit der Redaktion der Zeitung und dem Gremium der obersten Religionsgelehrten in Verbindung. Gott vergelte es dir!' Über einem anderen Artikel stand: ‚An unseren

Scheich Al-Islam, Gott zum Gruß, wir bitten um Kenntnisnahme und Rückmeldung. Wir haben euch darüber informiert. Eure Schülerin Soundso.' Über einem dritten Artikel stand: ‚An Bruder Omer; wir bitten dich, diesen Artikel zu lesen und mit uns zu kooperieren, um diesem Schriftsteller Grenzen zu setzen.'"

Offenbar hatte Djahir jetzt alles vergessen, was sie über diese Schriftsteller notiert hatte und wie sie sie verfolgt hatte – nur, weil diese sich für die Grundrechte eingesetzt hatten wie: gleiche Rechte für Frauen in der Gesellschaft, Weiterentwicklung, Angebot von Bildung und anderes mehr.
Djahir benutzte manchmal sogar das Faxgerät des Krankenhauses, um ihre Briefe zu verschicken. Sie benutzte auch die Kopierer des Krankenhauses, um die Artikel und hetzerischen Kommentare zu kopieren. Von ihrem Handy aus schickte sie ihre aufwiegelnden Mitteilungen an alle Adressaten, die auf ihrer Liste gespeichert waren.
Einmal bekam auch ich eine solche Mitteilung. Es ging um einen Autor, der den Vorschlag gemacht hatte, das Auftauchen der Mondsichel im Ramadan-Monat und im Higa-Monat, dem 12. Monat des muslimischen Jahres, durch ein offizielles Observatorium feststellen zu lassen, statt den Mond mit den bloßen Augen zu beobachten. Sie betrachtete seinen Vorschlag als Angriff auf das Gremium der obersten Gelehrten und als Versuch, dessen Bedeutung zu schwächen. Außerdem meinte sie, dass diese Frage nicht mit inkompetenten Personen in der Zeitung diskutiert werden sollte. Und das, ob-

gleich der Autor ein Universitätsprofessor war! Wahrscheinlich bekam ich diese Mitteilung nur aus Versehen, weil mein Name auf ihrer Namensliste stand. Vielleicht hatte sie aber auch eine gute Meinung von mir und glaubte, dass ich sie nicht enttäuschen und die heiligen Werte des Islam aktiv verteidigen würde. Wie kommt sie also heute dazu, für sich die Rechte in Anspruch nehmen zu dürfen, die sie anderen verweigert? Sie verdammt jeden, der es wagt, auch nur einen Bruchteil der Rechte zu fordern, die sie sich selber herausnimmt. Sie nimmt sich das Recht zu fliehen, das Land ohne die Erlaubnis ihres Vaters zu verlassen und das Recht, einen Pakistani zu heiraten – mag er auch noch so ein guter Muslim sein!

19

Es war sechs Uhr abends, und die Sonne war an diesem kurzen Wintertag gerade untergegangen. Die Beleuchtung der weißen Gänge erzeugte – grundlos – eine bedrückende Stimmung. Ein kalter Windstoß streifte mein Gesicht, als ich das Krankenhaus verließ. Stille herrschte um mich herum. Mein Handy klingelte mehrere Male. Jedes Mal meldete ich mich, aber niemand antwortete.
Ich betrat das Haus. Meine Mutter saß auf ihrem Gebetsteppich und betete. Sie wandte ihren Kopf zu mir und sagte: „Gott zum Gruß und Gottes Gnade, Gott zum Gruß und Gottes Gnade." Auch ich sagte:
„Und Gott zum Gruß und Gottes Gnade." Dann fragte ich sie: „Schläft May schon? Ich sehe sie nicht!"
Sie schaute mich hämisch an. Wie gut ich diesen Blick kannte, den Glanz in ihren Augen, wenn sie uns bei einem Unfug erwischte. Ein eigenartiger Blick, eine Mischung von Traurigkeit und Schadenfreude, von Freudenrausch und Schmerz, von Enttäuschung und Sieg. Das war ein höchst vielschichtiger Blick, selbst für den zu kompliziert, der ihn aussandte. So blickt vielleicht ein Mensch, der sich geradezu freut, wenn ihm ein Dolch ins Herz gestoßen wird und er dabei in die Augen seines Mörders schaut – nur um triumphierend sagen zu können: Jetzt habe ich dich dabei erwischt, dass du mich umbringst!
Meine Mutter antwortete mir:
„Möge euch Mädchen der Teufel holen!"

Dann setzte sie ihr Gebet fort. Mein Herz krampfte sich zusammen. Ihre Worte, ihre bösen Wünsche ärgerten mich gar nicht; mich beunruhigte vielmehr, was dahinter stecken könnte. Dass meine Mutter sich heute erdreistete, mir so etwas zu sagen, ließ eine bevorstehende Katastrophe vermuten. Ich fühlte, wie mein Gesicht heiß wurde, als hätte ich gerade eine kräftige Ohrfeige bekommen. Ich fühlte auch, wie sich mein ganzer Körper vor Zorn und Hilflosigkeit erhitzte, er wie von Fieber geschüttelt wurde – wie damals unter ihren Schlägen.

Ich wunderte mich. Schon seit geraumer Zeit, seit ich geheiratet hatte, hatte sich meine Mutter nicht mehr so unverhohlen und wütend geäußert. In dieser Zeit schien es, als hätte sich ein tiefer Spalt zwischen ihr und mir aufgetan, der ihre verletzenden Worte verschluckte und ich sie nicht mehr hören musste. Vor allem, seit ich meine Arbeit hatte, mich lange außer Haus aufhielt und ihr Geld nicht mehr brauchte, wurde sie vorsichtiger und benutzte mir gegenüber nicht mehr diese brutale Sprache. Warum also wurde sie heute wieder so ausfallend?

Ich ging in mein Zimmer, aber auch dort fand ich May nicht. Das Zimmer war leer. Ich schaute in Awatifs Zimmer, aber auch da war niemand. Ich setzte mich ins Wohnzimmer, grübelte und wartete ab. Meine Mutter ließ mich mit meiner Sorge allein, offensichtlich wollte sie mich auf die Folter spannen. Sie richtete sich nach Mekka und betete weiter, während ich auf den tonlosen Bildschirm

des Fernsehers starrte, ohne wirklich wahrzunehmen, was sich dort abspielte.
Aus dem Vorgarten war plötzlich ein Schrei zu hören. May kam herein; als sie mich sah, rannte sie sofort zu mir und verbarg ihren Kopf in meinem Schoß. Sie weinte und zitterte am ganzen Körper. Dann erschien Ibrahim - Awatif an den Haaren hinter sich her schleifend. Awatif schrie:
„Lass mich los! Ich sage dir, lass mich sofort los! Du glaubst denen, aber nicht mir!"
Ibrahim brüllte sie an:
„Warum soll ich denn dir glauben, du Hure. Es ist doch schon alles bekannt."
Ibrahim stieß Awatif zu Boden. Es gelang ihr, sich grade noch mit den Händen abzufangen, bevor ihre Knie auf dem Boden aufschlugen, und sie erhob sich sofort wieder. Ibrahim wollte sie erneut angreifen - sein Bein schnellte schon hoch, um ihr einen Fußtritt zu verpassen - doch sie schaffte es, schnell auf ihr Zimmer zu rennen, bevor er sie traf. In diesem Moment beeilte sich meine Mutter, noch rasch die Grußformel zu sprechen, mit der das Gebet beendet werden muss, um dann hinter Ibrahim her zu eilen, der ebenfalls zu Awatifs Zimmer stürmte. Ich packte May, lief mit ihr in mein Zimmer und schloss die Tür ab. Das Geschrei von Mutter und Ibrahim zerriss die Stille des Abends. Er schrie:
„Mach auf, du Miststück, sonst breche ich die Tür auf!"

Ich stellte die Klimaanlage an und ließ einen von Mays Zeichentrickfilmen laufen. Während ich sie umzog, fragte ich sie:

„Was war denn bloß los?"
May sagte:
„Ich habe nur gesehen, wie Onkel Maged und Tante Awatif miteinander geredet haben."
Jetzt wurde mir klar, dass Maged der Junge war, den Awatif beim Chatten im Internet kennen gelernt hatte, während sie am Computer in meinem Zimmer saß; danach hatte sie mit ihm Telefonkontakt gehabt.
„Und was ist dann passiert?"
„Ein Mann mit einem langen Bart ist gekommen und hat Maged weggezogen und mit Awatif laut geschimpft, und dann hat er uns alle in einen großen Auto mitgenommen!"

Später erzählte mir Awatif von ihrem turbulenten Tag, den sie und Maged in den Büros der „Moralwächter" verbracht hatten. Sie schilderte mir die Geschichte:
„Ich ging zur Bibliothek, um eine CD mit Liedern zu holen, die Maged für mich aus dem Internet kopiert hatte. Ich stand gerade hinter den Regalen mit den Kinderbüchern. May beschäftigte sich mit den bunten Umschlägen der Bücher und wählte mal die eine, mal die andere Geschichte aus. Maged kam auf mich zu. Er gab mir keine Hand, weil wir ja beide Angst hatten, dass uns jemand sehen könnte. Wir haben nur leise miteinander gesprochen. Keine zwei Minuten später kam jemand auf uns zu. Wie ein Geier. Wie Flügel wehte sein schwarzer Umhang hinter ihm her, so sehr beeilte er sich. Er starrte mir in die Augen, und gelähmt vor Angst blieben meine Augen an seinen Blick geheftet.

Meine Füße erstarrten an Ort und Stelle. Ich konnte weder etwas sagen noch irgendetwas tun. Plötzlich wurde alles um mich herum dunkel, als würde ich von einem schwarzen Umhang verdeckt. Maged war völlig verwirrt. Der Mann durchbohrte ihn mit seinem Blick, einem Blick voller Gift, als wollte er sein Opfer damit lähmen, fesseln, unterwerfen und ihm jede Widerstandskraft nehmen. Das Opfer gehorchte willenlos und tat alles, was von ihm verlangt wurde.
Er forderte uns in aller Schärfe auf:
‚Folgt mir!'
Wir liefen hinter ihm her und ein Wächtersoldat, schweigsam wie er, begleitete uns. May fragte mich: ‚Warum sollen wir schon gehen? Ich bin doch noch gar nicht fertig!'
Als wir auf der Rolltreppe hinunter fuhren, sah ich, wie der „Moralwächter“ mit einem ägyptischen Verkäufer aus der Abteilung für islamische Literatur Blicke miteinander austauschten. Es war der Blick einer geheimen Verständigung, der offensichtlich besagte: die Sache ist gut gelaufen!

Später erzählte Maged Awatif, dass dieser Ägypter der Spion gewesen war, der die „Moralwächter“ angerufen und über das verdächtige Treffen informiert hatte. Es war Pech, dass sich deren Streifenwagen gerade in der benachbarten Straße aufhielt und somit blitzschnell zur Stelle sein konnte. Bei der Vernehmung musste sich Awatif wüste Verleumdungen anhören, aber nicht genug damit:
„Der Wortführer herrschte mich an: ‚Gib es zu! Dein Freund hat schon alles gestanden, deswegen

haben wir ihn gehen lassen. Maged hat zugegeben, dass ihr euch schon öfters in einer privaten Wohnung getroffen habt!' Sie drängten mich, das ebenfalls einzugestehen. Aber wie sollte ich etwas gestehen, das nie stattgefunden hatte?
Sie haben mir versprochen, mich freizulassen, sobald ich ein Geständnis unterschreiben und die mir auferlegte Buße akzeptieren würde. Sie würden dann davon absehen, mich bloßzustellen und auch meine Familie würde nichts davon erfahren. Das alles spielte sich ab, während May neben mir stand und weinte! Ich unterschrieb das Geständnis, weil ich nur noch nachhause und nicht noch zusätzliche Probleme haben wollte. Ich war sogar bereit, Maged nicht mehr zu treffen. Sobald ich das Geständnis unterschrieben hatte, entriss mir einer der Männer das Papier, wobei er seinem Kollegen zuzwinkerte und ihm auftrug: ‚Ruf ihren Bruder an. Lass ihn hierher kommen, erzähl ihm alle Einzelheiten und lass ihn ihr Geständnis lesen!'
Ibrahim kam. Sie führten ihn direkt zum Chef und erzählten ihm die erfundene Geschichte. Ibrahim glaubte ihren Lügen und verlangte von mir das Eingeständnis, dass sich alles so zugetragen hätte, wie er es eben gehört hatte."

Maged, der junge Mann, wollte die Demütigung, die er und Awatif wegen der Bespitzelung des ägyptischen Mitarbeiters erleben mussten, nicht einfach hinnehmen. Am nächsten Tag entschloss sich Maged, auf seine Weise Rache an dem Ägypter zu nehmen. Er und seine Kameraden lauerten ihm auf und verfolgten ihn, als er die Buchhandlung um zehn Uhr abends verließ. Sobald sein Auto in eine menschenleere Gasse eingebogen war, zwangen sie ihn anzuhalten, öffneten die Autotür, zogen ihn heraus und verprügelten nach allen Regeln der Kunst. Maged warnte ihn noch während er auf ihn einschlug:

„Hör auf, andere Leute zu denunzieren und sie mit den „Moralwächtern“ in Konflikt zu bringen!“

Der Ägypter barg sein Gesicht in den Händen und weinte:

„Es liegt nicht in meiner Hand, Herr. Ich habe mir diese Arbeit nicht ausgesucht. Sie haben mir mit Abschiebung gedroht, wenn ich nicht mitmache. Sie würden mich in irgendeine Affäre verwickeln und nach Ägypten zurückschicken. Aber ich muss meine Kinder versorgen, Herr. Ich bin nur deshalb nach Riad gekommen, weil ich meinen Lebensunterhalt hier verdienen muss. Ich habe eine Menge Mäuler zu stopfen, Herr!“

„Such dir einen anderen Weg, der ehrenvoller ist als das Ausspionieren anderer Menschen!“

Maged ließ von ihm ab. Der Ägypter weinte und beklagte sich bei Gott über alles, über Maged und seine Kameraden, über die Saudis insgesamt, über das schmutzige Land und den staubigen Tag, an dem er einst in dieses Land gekommen war.

20

Die bunten Lichter auf dem Bildschirm des Fernsehers spiegeln sich rot und blau auf Walids Gesicht wider, als er mir unter dem Zelt zuflüstert:
„Unser Kampf steht uns noch bevor!"
„Still, still, bitte erinnere mich nicht an Kämpfe. Es reicht mir voll und ganz, wie mein Herz unter solchen Erfahrungen gelitten hat."
Ich liebe die Wasserfälle der Worte, das Plaudern und das Schreiben, aber jedes Mal, wenn ich ihn treffe, habe ich das Gefühl, in einem ruhigen Fluss zu treiben, in einem liebevollen und stillen Fluss, umgeben von einer grünen Wiese. Der Jasmin, die Feigen- und Maulbeerbäume lassen ihre Zweige entspannt hängen; und genauso fühle ich mich auch. Die Vorhänge des Zeltes fallen – wie zum Schutz vor der Sonne am hohen Himmel - locker herab, so locker, wie sich jetzt meine Augenlider schließen. Alles in mir schweigt. Mein Herz unterbricht mich jedes Mal, wenn der Mund reden will.
„Psst … sobald du den Rand des Paradieses berührst, sei ganz still."
„Sind wir denn im Paradies, Hind?"
„Zumindest sagt mir das mein Herz!"
Er küsste meine Stirn und legte meinen Kopf an seine Brust. Dann sagte er:
„Komm her. Wenn das so ist, werde ich niemandem erlauben, dich aus diesem Paradies zu verjagen!"

Ibrahim war noch keine 18 Jahre alt. Er gehörte zu den mittleren von uns sechs Geschwistern, Jungen und Mädchen. Meiner Mutter galt er nicht so viel wie der vorgezogene ältere Sohn, mein großer Bruder, Fahd. Sie war nicht sehr erfreut über Ibrahims eigenständige Versuche, uns Mädchen mit seinem eigenen Stock zu bedrohen. Er wollte anstelle meines Vaters auf uns aufpassen. Meine Mutter dachte wohl, dass es mit Ibrahim am Ende wohl kaum anders kommen würde als mit Fahd, den sie wie keinen anderen verwöhnt und vergöttert hatte, und der sie dennoch enttäuschte. Sie war allmählich zu der Überzeugung gekommen, dass ihr Mann nicht fähig war, richtige Männer zu zeugen und zu erziehen. Jeder Sohn, den er gezeugt hatte, musste ihm offenbar ähnlich werden: schwach, unentschlossen, mit einem weichen Herzen – wie die Frauen. Unser Vater liebte seine Töchter sehr, hörte ihnen zu, verteidigte sie und erfüllte ihre Wünsche.

Von uns Kindern war es Ibrahim, dem die schlimmste Vernachlässigung und das größte Unglück widerfuhren. Er war zwar ein Sohn, aber Mutter schenkte ihm dennoch keine Liebe. Er war aber auch kein Mädchen, das das Mitgefühl des Vaters hätte gewinnen können. Außerdem ließen wir drei Mädchen, die an Auseinandersetzungen gewohnt waren, ihm kaum eine Chance, uns zu unterdrücken. Die Unterdrückung durch meine Mutter reichte uns. Ibrahim hatte es also schwer, seine Männlichkeit zumindest seinen Schwestern gegenüber auszuleben, und insgesamt erhielt er wenig Aufmerksamkeit innerhalb der Familie. Mein Vater nutzte Ibrahims Schwäche und seine Position in der Mitte unserer Geschwisterreihe aus und verlangte oft von ihm, geschäftliche Angelegenheiten für ihn zu erledigen. Die Hilfe Fahds für derartige Aufgaben in Anspruch zu nehmen, erlaubte ihm Mutter nicht. Sie begründete das immer damit, dass Fahd für die Schule lernen müsste, für Ibrahim setzte sie sich jedoch nicht ein. Ibrahim wusste als Kind natürlich nicht, warum das so war. Wir anderen Geschwister wussten es auch nicht. Zu den Aufgaben, die Ibrahim für unseren Vater erledigen musste, gehörte es zum Beispiel, Geld an dessen Geschäftsfreunde zu überbringen. Auch musste er von mittags bis abends Büroarbeiten erledigen, sogar zu Prüfungszeiten. Er weinte deswegen häufig, weil er der einzige war, dem unser Vater solche Aufträge erteilte, während Fahd Fußball spielte und jeden Abend aus dem Haus ging. Unsere Mutter schenkte ihm nicht die Beachtung, die Fahd als erstes Kind erfahren hatte. Sie war mit dem neugeborenen Muhssin beschäftigt und überließ Ibrahim Vaters merkwürdiger Herrschaft, die das Unglück Ibrahims und seine Schwäche noch verstärkte. Sobald Vater Ibrahim erblickte, nahm er ihn sofort überallhin mit, sogar zum Frühgebet in die Moschee schleppte er ihn noch halb im Schlaf.

Gezwungenermaßen ging Ibrahim regelmäßig zum Gebet, nicht aus Begeisterung. Der Imam der Moschee wurde auf diesen gehorsamen Jungen aufmerksam. Er war von der Aufrichtigkeit des kleinen Burschen sehr angetan. Er beobachtete ihn und schenkte ihm so viel Aufmerksamkeit wie niemand zuvor. Eines Tages, nach dem Nachmittagsgebet, begrüßte ihn der Imam und gab ihm die Hand, als

wäre er ein erwachsener Mann. Er lobte sein regelmäßiges Beten und fragte:
„In welcher Klasse bist du eigentlich, Ibrahim?“
„In der Mittelstufe.“
„Dann nimm dieses Buch hier mit, lies alles, was ich mit dem Bleistift unterstrichen habe, es sind etwa anderthalb Seiten. Übe sie gut. Ich möchte, dass du sie morgen Nachmittag im Gebetsunterricht fehlerfrei vorliest!“

Ibrahim kam mit dem Buch nachhause. Er verspürte einen Stolz, den er nie zuvor erfahren hatte. Es war das erste Mal, dass ihm jemand eine persönliche Anerkennung entgegenbrachte und ihn als Mann ansprach. An diesem Tag blieb Ibrahim lange wach und verbrachte den ganzen Abend mit Lesen, Auswendiglernen und dem lauten Rezitieren der Koranverse. Am Ende konnte er sie tatsächlich auf die gleiche Art und Weise rezitieren wie der Imam. Als er es sogar schaffte, die Worte aus seiner Nase und nicht aus seiner Kehle herauszulassen, so, wie beim korrekten Rezitieren des Korans üblich, war er mit sich sehr zufrieden. Am folgenden Tag las er den Korantext im Gebetsunterricht vor, dabei konnte ihn das ganze Viertel über den Lautsprecher der Moschee hören. Meine Eltern lächelten glücklich, als sie seine Stimme hörten, obwohl sie bei weitem nicht alles verstanden. Auch die Nachbarn und seine Kameraden im Viertel hörten ihn. An diesem Tag lief er, stolz wie ein Pfau, durch die Gasse. Alle Leute begrüßten ihn mit Handschlag und jeder sagte ihm etwas Persönliches:

„Bei Gott, prima, was du machst, Ibrahim! Gott segne dich."
„Großartig, Ibrahim! So einen Sohn wie dich kann man sich nur wünschen!"
„Das hast du gut gemacht! Gott erleuchte dich und zeige dir den rechten Weg!"
„Deine Eltern können sich glücklich schätzen, einen solchen Sohn zu haben!"

Ibrahim genoss es natürlich, jemand Besonderes zu sein, nachdem er immer im Hintergrund gestanden hatte. Er, der stets unter Vernachlässigung und Rücksichtslosigkeit litt, genoss jetzt diese Freundlichkeit. Er liebte den Koranunterricht, der ihn plötzlich in den Mittelpunkt des Interesses gerückt hatte. Tief im Inneren war er fest entschlossen, mit all seinen Kräften daran festzuhalten, selbst wenn er dafür sein Leben hergeben müsste. Er war dem Imam sehr dankbar, der sich jetzt beim Vorlesen im Unterricht und beim Gebetsruf voll auf ihn verlassen konnte. Er verehrte den Imam und erfüllte ihm jeden Wunsch. Von nun an hörten wir Ibrahims Stimme jeden Nachmittag aus dem Lautsprecher unserer Moschee. Aus diesem Lautsprecher wurden die Gebetsrufe und auch die Lehren des Korans verkündet.

Von allen hatte Jousaa, unser beduinisches Nachbarmädchen, das größte Interesse, ihn zu sehen. Sie stand oft an der Tür ihres Hauses, machte die Tür einen Spalt breit auf und beobachtete mit einem Auge die vorübergehenden Leute. Sie sprach die auf der Strasse spielenden Mädchen an und schickte sie

zum Laden, um ihr Süßigkeiten, Sandwichs oder Säfte zu kaufen. Eines Tages sah sie Ibrahim an der Tür stehen und sich umschauen. Sie gab ihm mit ihrer Hand ein Zeichen, sprach ihn an und machte die Tür etwas weiter auf. So konnte Ibrahim Jousaa, die fünf Jahre älter war als er, aus nächster Nähe sehen. Er sah ihre etwas mollige, kleine Figur, ihre rosigen Wangen und ihre Augen, die sie mit Kajal schwarz geschminkt hatte. Ihr Lächeln stahl sich in sein Herz. Er wurde ganz verwirrt, als er ein heimliches Beben seines Körpers verspürte. Gerade wollte er entfliehen, doch in diesem Moment hielt sie ihm ihre Hand mit einem Rial hin und bat ihn, eine Dose kalte Pepsi für sie zu kaufen. Sie sagte:
„Kauf dir auch eine!"
„Nein, danke ... ich möchte nicht."
Ibrahim flog völlig beschwingt zum Laden hin und wieder zurück. Sein Herz zwitscherte und seine Flügel ließen ihn förmlich vom Boden abheben. Je weiter dieses Gefühl sein Herz erfüllte, umso zittriger und heißer wurden alle seine Glieder. Als er ihr die kalte Pepsi-Dose überreichte, berührte er ihre warme Hand. Bewusst ließ sie seine Finger an ihre schön gefeilten Fingernägel stoßen. Der rote Nagellack blitzte in sein Herz. Sie zog ihn an der Hand zu sich heran, kniff in seine Wange und küsste ihn. Das alles geschah blitzschnell, und es traf Ibrahim wirklich wie ein Blitz, lähmte ihn, verbrannte ihn. Sein Kopf rauchte, sein Herz brannte.

Jousaa ließ Ibrahim nicht mehr los. Jedes Mal, wenn seine kleine Gestalt an der Tür erschien, lag Jousaa auf der Lauer. Sie stand hinter ihrer Tür, die unserer Haustür gegenüber lag, und wartete. Er ging jetzt viel öfter hinaus, und sie war immer da.

An einem windstillen Herbsttag, der in Herzen und Häusern Ruhe einkehren ließ, war Ibrahim auf dem Weg nachhause. Bevor er sich unserem Haus zuwandte, schaute er erst wie gewöhnlich zu der Tür hin, hinter der Jousaa sich immer verbarg. Sie enttäuschte seine Erwartung nicht. Sie stand an der gleichen Stelle und ließ kein Licht im Haus an, so dass niemand sie im Schatten entdecken konnte. Diesmal wollte sie offenbar nicht nur dort stehen bleiben und Ibrahim zusehen. Sobald sie ihn erblickte, streckte sie ihre Hand und den Kopf halb aus der Tür heraus und flüsterte:
„Komm."
Bevor er ihre Tür erreichte, lief sie zu der Treppe, die zum Dach des Nachbarhauses führte. Aber Ibrahim stand wie angenagelt und völlig verängstigt an der Tür. Jousaa kam wieder herunter und zog ihn an der Hand hinauf. Als er merkte, dass er sich schon in Jousaas Haus befand, lief er hinter ihr her und überließ sich dem Genuss der Begierde. Adrenalin schoss durch seine Adern und ließ alles vor seinen Augen in neuem Licht erscheinen. Jousaa nahm ihn mit zum flachen Dach des Hauses, wo die Dunkelheit der Nacht sein ängstliches und glückliches Herz umhüllte. Alle seine Sinne waren überflutet von dem Genuss dieses Abenteuers, das er jetzt zum ersten Mal erlebte. Sie ging mit ihm in ein Zimmer, das sich in einer Ecke des Daches befand, wohl ein Abstellraum. Sie legte ihre Hände auf seine Wangen, die vor lauter Angst fast einge-

froren waren. Sie überbrachte seinen Lippen eine Glut, deren Feuer sein Gesicht erhitzte. Das Eis seines Gesichts schmolz zu Wasser und befeuchtete ihre Hände. Ibrahim entdeckte in dieser Nacht, dass die Quelle der Liebe nicht das Herz ist, wie man immer sagt. Das Herz ist nur ein elektrischer Generator, der anfangs die Liebe in die Blutbahn wirbelt, dann aber endet sie woanders. Denn ein unwiderstehlicher Rausch durchpulste seinen ganzen Körper, brachte sowohl seinen Leib als auch seine Arme und Beine zum Zittern und endete mit einem feuchten Schwall in seine Unterwäsche.

Als Ibrahim an diesem Abend von Jousaas Haus zurückkam, ging er als erstes ins Badezimmer und hörte nicht mehr auf, sich wieder und wieder zu waschen. Er verbrachte die ganze Nacht im Bad. Wir hörten nur das Rauschen des Wassers. Meine Mutter klopfte mehrmals an die Badezimmertür und schrie: „Bist du denn verrückt geworden? Bei Gott, wenn du dich mit dem Wasser eines Flusses waschen würdest, dann wäre er jetzt schon ausgetrocknet."

Von meiner Mutter erfuhren wir später, dass Ibrahim das Bad erst verlassen habe, als er zum Morgengebet gegangen sei. Sie dachte, er sei im Badezimmer eingeschlafen. Aber das Herumtrödeln und das ewige Wasserrauschen waren von nun an Ibrahims ständige Begleiter, sobald er das Badezimmer betrat.

Ibrahim verbrachte jetzt immer mehr Zeit außer Haus. Jeden Abend war er entweder mit Schulaktivitäten oder mit Schreibarbeiten beschäftigt, und an Wochenenden war er im Jugendzeltlager. Meine Mutter sah die Dinge, die ihren Sohn so sehr in Anspruch nahmen, überhaupt nicht gern. Auch mein Vater ärgerte sich, weil er von Ibrahim keine Hilfe mehr erwarten konnte. Trotzdem konnten beide Eltern ihn nicht davon abhalten. Ibrahim weinte, wenn sie versuchten ihn zurückzuhalten, und beklagte sich bei den Lehrern über sie. Es war ihnen peinlich, wenn die Lehrer nach dem Nachmittagsgebet vorbeikamen, sich einmischten und die Eltern zu überzeugen versuchten, dass es nicht in Ordnung sei, ihrem Sohnes die Teilnahme an diesen Aktivitäten zu verbieten. Sollten sie doch den Kindern Güte, Tugendhaftigkeit und Gottesfurcht vermitteln. Und schließlich würde man für die Teilnahme an den religiösen Zusammenkünften, den Andachten und den Hadith-Übungen von Gott belohnt. Die Eltern sollten vielmehr ihren Sohn unterstützen.

Ibrahim erzählte meiner Mutter, dass die Jungen ihre Zeit dort mit dem Auswendiglernen des Korans, der Belehrung über religiöse Inhalte und mit Judo verbrächten. In den Sommerferien verreiste Ibrahim für mehrere Wochen nach Mekka, um dort die Omra oder auch die große Pilgerfahrt mitzumachen. Er besuchte auch die Moschee des Propheten. Von solchen Reisen brachte Ibrahim Geschenke mit, meinem Vater eine Gebetskette, meiner Mutter einen Gebetsteppich oder heiliges Wasser aus Zamzam. Er kaufte das alles von dem wenigen Geld, das meine Mutter ihm unwillig mitgegeben hatte.

Schließlich brachte Ibrahim meiner Mutter auch religiöse Kassetten mit, die vom Tod, von Höllenqualen und von Versuchungen handelten, denen die Menschen in dieser merkwürdigen Zeit ausgesetzt seien. Denn diese Zeit ginge auf das Ende zu, und der jüngste Tag nahte, die ersten Zeichen seien schon sichtbar. Die meisten dieser Kassetten sprachen von Versuchungen, die von den Frauen ausginge, und von den vielfältigen Formen der Verderbtheit, die unter ihnen herrschte. Der Scheich, der Religionsführer, warnte, es seien zumeist die Frauen, die - wegen ihrer bösen Zungen und weil sie ihre Gefährten zum Unglauben verführten - zum Brennholz für die Hölle würden. Durch diese Kassetten verschlimmerte sich die Trübsal und Schwermut meiner Mutter noch mehr. Sie hörte fast ganz auf zu reden und ihre Nachbarinnen zu besuchen, um nicht mit einem Sack voller Sünden auf dem Rücken nachhause zurückzukommen.

Meine Mutter übernahm eine neue Aufgabe, nämlich die, ihre Familie wieder auf den Weg der Tugend zurückzuführen und sie vor der drohenden Höllequal zu retten. Schon beim geringsten Fehler drohte sie uns mit dem Höllenfeuer, dessen Brennstoff Menschen und Steine seien. Sogar der Kleinste in der Familie machte sich jetzt viele Gedanken über die Hölle und hatte Angst vor der Strafe Gottes. Das Wort ‚Gnade' verschwand aus dem Lexikon meiner Mutter. Diese neue Aufgabe schien ein passendes Ventil für ihren ständigen Zorn zu werden, ein Schornstein für das Feuer, mit dem sie

allen dauernd drohte. Ihr Geschrei, mit dem sie uns zum Gebet diktierte, verfolgte uns und erschütterte das ganze Haus. Sie trommelte an unsere Zimmertüren, so dass wir jedes Mal erschreckten:
„Los, los! Aufstehen zum Gebet! Ihr werdet zum Brennholz für die Hölle!"

Sie vernichtete jetzt unsere Musikkassetten, gleichgültig wo sie diese fand - auf ihren Kontrolltouren durch unser Haus oder im Kassettenrecorder, mit dem sie normalerweise ihre religiösen Bänder abspielte. Awatif beeilte sich, ihre Kassetten jetzt in ihren Schubladen zu verstecken, die sie wohlweislich abschloss. Meine Mutter fastete jetzt jeden Montag und jeden Donnerstag. Um an diesen Tagen fasten zu dürfen – was über die Fastenpflichten des Ramadan hinausging – musste sie nach islamischem Recht ihren Mann um Erlaubnis bitten. Sie tat das notgedrungen. Mein Vater merkte, dass meine Mutter durch ihre verstärkte Religiosität ihm gegenüber schwächer wurde und nutzte es aus. Sie gab ihren Widerstand gegenüber seinem nächtlichen Begehren auf, weil „die Frau, die den Rufen ihres Mannes nicht folgt, von den Engeln verflucht wird bis zum nächsten Morgen."

Ibrahim hatte zwar jetzt mehr Selbstbewusstsein erlangt, wurde aber immer unfreundlicher. Er ahmte seine Lehrer vom Trainingslager nach, er redete wie sie - ruhig und vernünftig. Er benahm sich nicht wie andere Jugendliche seines Alters. Er hasste jede Art von Kunst, seien es Gedichte, Romane, Theater, Filme, Songs, aber auch Feste, Genuss und un-

nötige Ausgaben. Seine Seele entwickelte sich zu einer Totenstadt. Er wünschte sich sogar, sein eigenes Leben und das der anderen in ein einziges großes, ewiges Fasten umzuwandeln. Seine Pubertät hatte er kaum erlebt, und schon hatte er eine richtige Angst vor Frauen. Wenn das Dienstmädchen an ihm vorbeiging, erschrak er und floh. Er erschrak sogar, wenn eine seiner Schwestern neben ihm saß. Er fürchtete, dass der Satan ihn seiner Vernunft berauben könnte, wenn er sich nicht jede Sekunde vor ihm in Acht nähme. Strikt vermied er das Zusammensein mit Frauen, selbst wenn sie seine eigenen Schwestern oder Tanten waren. Und nicht zuletzt hatte er Angst vor seinem eigenen Körper. Seiner Schwester Awatif gegenüber erwähnte er einmal, dass der Lehrer in der Schule ihnen untersagt hätte, sich während des Badens die Unterhosen auszuziehen, sonst würden die Engel über sie lachen!
Das konnte Awatif bestätigen; sie hatte von ihrer Lehrerin das Gleiche gehört!

Ibrahims Auto hielt vor der Haustür. Er schaute hinüber zu den bunt erleuchteten Lichterketten, die vor Jousaas Haus aufgezogen waren. Er sah, wie der leere Platz vor dem Haus mit roten Teppichen ausgelegt wurde. Und in einer sandigen Ecke brannte ein Feuer, neben dem mehrere Kaffee- und Teekannen in einer Reihe aufgestellt waren. Daneben stand ein Mann, der sich um alles kümmerte, vor der Haustür eine Gruppe Männer, die sich unterhielten. Auch Jousaas Vater und ihr kleiner Bruder waren dabei. Als Ibrahim merkte, dass man hier

eine Hochzeitsfeier vorbereitete, zog sich sein Herz zusammen; er wusste, dass Jousaa das älteste heiratsfähige Mädchen im Haus war.
Ibrahim betrat unser Haus. Seine Kleider rochen nach verbranntem Holz. Sein Gesicht hatte eine dunkle Bräune angenommen, die ihm die heiße Wüstensonne während der letzten zehn Tage verliehen hatte, die er - wie immer in den Frühjahrsferien - im Jugendzeltlager verbracht hatte. Seine zusammengerollte Schlafmatte, wüstentauglich und aus rauen Wollsträngen geknüpft, warf er auf den Boden. Er küsste die Stirn meiner Mutter, die ihn höflich aber bestimmt von sich schob:
„Du riechst wie ein Ziegenstall!"

Meine Mutter schminkte sich sehr selten. Wenn Sie es dann doch einmal tat, wurde sie zu einer ganz anderen Frau, zu einer hübschen, netten Frau. Sie lächelte dann auf eine Weise, dass man kaum glauben mochte, dass sie dieselbe Frau war, die uns jeden Tag anschrie. Als Ibrahim sie so erblickte – geschminkt, in einem mit Goldfäden durchwirkten Kleid und damit beschäftigt, sich das Räuchergefäß unter ihr Kleid zu stecken und sich mit dem Rauch zu beduften – fragte er sie:
„Wohin gehst du denn? Gott sei mit dir!"
„Zu den Nachbarn. Jousaa wird ihren Cousin Diedan heiraten!"
Als Ibrahim den letzten Satz meiner Mutter hörte, hustete er laut. Meine Mutter schob das Räuchergefäß von ihm weg und sagte:
„Geh weg, vielleicht bist du allergisch dagegen!"
Ibrahim entfernte sich aber nicht, sondern hustete

immer heftiger, als wollte er mit seinem Husten ein tief aus seinem Herzen hervorquellendes Schluchzen verbergen. Aus seinen Augen strömten die Tränen; fast wäre er erstickt. Meine Mutter lachte ihn nur aus und meinte:
„Ich sage dir doch, geh weg, du wirst noch erstikken."

Meine Mutter hatte keine Ahnung, und vielleicht auch Ibrahim selbst nicht, welche Art von Tränen da aus seinen Augen quoll. Nach jedem Husten, wobei ihm die Augen tränten, schien er sich etwas zu beruhigen. Seine im Weihrauchdunst verschwimmenden Züge und die durch Rauch und Tränen geröteten Augen zeigten ein ganz anderes Gesicht von Ibrahim: ein Gesicht, das er niemandem zuvor enthüllt hatte, auch nicht sich selbst, schon gar nicht nach der Heirat von Jousaa, der einzigen Frau, die ihn jemals geliebt hatte, wie er glaubte.

Die einzige Frau, mit der Ibrahim jetzt noch zusammensitzen und sich unterhalten konnte, war Mutter. Aber er schien das nicht aus Liebe zu ihr zu tun, sondern weil ihn etwas dazu drängte, etwas wie eine zwanghafte Macht, wie ein gezücktes Schwert, das man ihm an den Hals gesetzt hatte. Denn die Zeit, in der er ihr Gesellschaft leistete, war angefüllt mit bitteren Tadeln und kaum unterdrückter Zankerei. Ibrahim warf meiner Mutter ihre Härte ihm gegenüber vor, als er klein gewesen war, und ihre schmerzhaften Schläge. Er beschwerte sich über den Vater, weil der seine Macht über ihn

ausgespielt und ihn jeden Tag zu seiner Arbeit mitgeschleppt hatte, selbst in Prüfungszeiten. Seine ständigen Vorwürfe machten meiner Mutter zu schaffen. Sie sagte ihm:
„Kannst du denn nicht endlich vergessen? Das ist alles Vergangenheit, und das Reden nützt uns nun nichts mehr. Das Sprechen über die Vergangenheit ist eine verlorene Zeit im Leben!"

Ibrahim hat nie vergessen. Und wäre sie nicht seine Mutter gewesen, so hätte er sich von ihr fern gehalten und sich gar nicht mehr um sie gekümmert. Es war eine Art Rache; er hielt die Tür seines Herzens für alle Frauen der Welt verschlossen. Auch in den Gesprächen mit seiner Mutter ließ sich sein heimlicher Groll gegen sämtliche Frauen nicht verbergen. Man merkte es an seinen Stimmungsschwankungen in diesen Gesprächen, die meistens mit Tränen, mit erstickter Stimme endeten; worauf er sich jedoch stets wieder mit ihr versöhnte. Doch das bittere Gefühl in seiner Brust entfachte immer wieder aufs Neue seinen heftigen Zorn auf diese Frau. Seine Gottesfurcht zwang ihn aber, sich ihr anzupassen und ihr Gesellschaft zu leisten, obwohl er nie das Gefühl hatte, dass sie jemals etwas Gutes für ihn getan hatte. Seine Koranlehrer wiederholten immer wieder den Hadith:
„Erst deine Mutter, dann deine Mutter und dann wieder deine Mutter: sie trug dich trotz ihrer Schwäche!"
Er spürte jedoch, dass es ihm immer weniger gelang, etwas Schwaches an ihr auszumachen und erinnerte sich an einen der Tage, an dem er Schläge

bekommen hatte. Er hatte sich an die Wand gestützt und seine Schwester Awatif gefragt:
„Keiner liebt mich in diesem Haus. Ich bin ein kleiner Junge; was habe ich denn nur verbrochen?"

Awatif war vom Alter her die ihm nächste Schwester. Er tat ihr immer leid, also spielte sie mit ihm und versuchte, ihm öfter eine Freude zu machen. Als Awatif erwachsen wurde, bekämpfte sie ihn ebenso wie wir anderen. Der Zwist zwischen ihr und ihm wurde heftiger. Wie ihre ganze „verdorbene" Generation von Mädchen ließ auch sie sich von allem beeinflussen, was sie über die westlichen Frauen und ihre angebliche Freiheit hörte. Sie ließ sich von den Modewellen, von den kulturellen Angriffen des Westens überrollen. Sie schminkte sich wie die westlichen Frauen, zog sich zuhause Kleidung an, die viel nackte Haut zeigte, schnitt ihr Haar kürzer und hörte sich gern die gängigen Hits an. All das gehörte zu seinem Feindbild – für ihn wurde Awatif schließlich noch feindlicher als der ungläubige Westen selbst. Und wenn er versuchte, sie wieder auf den rechten Weg zu bringen, weil er sie liebte und sie die einzige gewesen war, die ihm Mitgefühl entgegengebracht hatte, schrie sie ihn jedes Mal an:
„Du bist ja so rückständig! Mit deinen Gedanken lebst du noch im Mittelalter!"

Ibrahim vermisste ein liebendes Herz. Kurzzeitig war es ja vorhandenen gewesen, als Jousaa ihn noch geliebt hatte. Damals deutete er meiner Mutter gegenüber den Wunsch an, sie zu heiraten. Meine

Mutter dachte, das wäre nur ein Scherz. Und um ihn durch Argumente davon abzubringen, fragte sie ihn:
„Wo willst du denn dann wohnen? Wer wird dir das Geld zum Lebensunterhalt geben?“
„Ich würde dann bei euch wohnen, und solange ich im Haus meines Vaters lebe, ist er verpflichtet, mich zu unterhalten. Mit einer Heirat möchte ich mich vor Verführungen schützen.“

Meine Mutter lehnte es ab, ihn vor Ende seines Studiums zu verheiraten, da er intelligent und in seinem Fach hervorragend war. Er entschied sich, Islamwissenschaft zu studieren und nicht Medizin, wovon er einmal geträumt hatte. Seiner Meinung nach würde man von Gott nur dann belohnt, wenn man die Scharia und die Religionswissenschaften studierte, da man mit Medizin oder anderen Studiengängen nicht Gottes Nähe gewinnen könnte, sondern nur auf Geldverdienen und andere weltliche Dinge abzielte.

Wenn Ibrahim nachhause kam, hatte er immer größere Mengen Faltblätter und Broschüren bei sich – alles Literatur über den vorbildlichen Muslimen. Die meisten dieser Werke riefen die jungen muslimischen Männer dazu auf, ihren Brüdern in Afghanistan Beistand zu leisten und die verloren gegangene sechste Pflicht des Islam, den Djihad, wieder aufleben zu lassen.
Meiner Mutter überreichte er immer jede Menge Kassetten mit Informationen über den Islam, damit sie diese unter uns und den Nachbarinnen verteilte.

Er sagte, sie würden überall kostenlos verteilt: auf der Straße, in den Geschäften, an den Kassen der Supermärkte und in den Sälen, in denen Hochzeiten gefeiert werden. Tatsächlich, wo wir auch hingingen, überall sahen wir diese Flugblätter und Faltblätter, in den Schulen, Universitäten, Arztpraxen, Ambulanzen und sogar in den Vergnügungsparks. Manche enthielten nur einige religiöse Fragen, um am Ende den Gewinn von Autos und teuren Elektrogeräten zu versprechen.

21

Noch während seines Studiums, inmitten der Prüfungszeit, verschwand Ibrahim. Wir dachten, er sei in irgendeinem Studentenferienlager, aber meine Mutter war die ganze Zeit über unruhig. Schließlich rief sie Manssur an, und er versprach ihr, noch am gleichen Tag nach dem Abendgebet vorbeizukommen.

Manssur kam. Sein Gesicht war düster. Ich kannte es nur zu gut; oft genug hatte ich ihn so gesehen. Etwas Unangenehmes ließ sein Gesicht sofort glanzlos und verloren wirken, wie eine verlassene Höhle. Er offenbarte meiner Mutter den Grund für seine düstere Blässe:
„Ibrahim ist nach Afghanistan geflogen, Tante! Das Amt der Passkontrolle im Flughafen sagte, er sei nach Pakistan ausgereist. Das ist der übliche Weg, um nach Afghanistan zu kommen."
Meine Mutter griff sich mit der Hand an den Kopf und hielt ihn fest. Gequält und bitter kam ihre Stimme aus tiefster Brust:
„Oh Gott, bewahre!"
Ammusche, die durch den Augenschlitz ihres Niqab schaute, der ihr Gesicht verhüllte, wandte sich mit naiven Fragen an Manssur:
„Warum ging Ibrahim denn nach Paskitan, oder wie das heißt? Will er dort studieren oder Arbeit suchen?"
„Nein, Tante Ammusche, Ibrahim ist dort hingegangen, um an der Seite der Afghanen zu kämpfen!" antwortete Manssur.

Ammusche verstand nur „er ging kämpfen". Sie schrie, während sie sich auf ihren Kopf schlug: „Ach, gütiger Gott … kämpfen?? Wie … wird der Krieg in unser Dorf kommen? Er ist also dorthin, um den Armeen entgegenzutreten … warum bloß … wie kann Ibrahim nur weggehen und seine Mutter und seine Schwestern allein lassen … ich vertraue Gott allein, dem wahrhaft Allmächtigen."

Nach nur sechs Monaten kehrte Ibrahim aus Afghanistan zurück. Er wirkte noch rätselhafter, mürrischer und isolierter als zuvor. Wir Mädchen mieden ihn, und sobald er das Haus betrat, versteckten wir uns in unseren Zimmern, schalteten unsere Musik aus und mieden das Telefon. Wir wollten unter allen Umständen einer Auseinandersetzung mit ihm zuvorkommen, die nur damit enden würde, dass er uns an den Haaren reißen und mit Schlägen traktieren würde. Zwar würde solch eine Auseinandersetzung unsere Sturheit nicht besiegen; aber unsere Wunden hätten wieder aufreißen können, und meine Mutter würde am nächsten Morgen wegen ihrer Zuckerkrankheit und ihres Bluthochdrucks wieder zur Ambulanz gehen müssen.
Ibrahim mochte nun nicht einmal mehr wie früher mit meiner Mutter und mit Ammusche zusammensitzen. Er saß jetzt allein im Empfangsraum der Männer. Er las, schaute im Fernsehen Al-Jazeera und führte rätselhafte Telefonate. Er stapelte seine Pappkartons im Esszimmer für die Gäste aufeinander, in dem Raum, der selten benutzt wurde und dessen Schlüssel er nun in seiner Hosentasche aufbewahrte.

Eines Tages, spät in der Nacht, klingelte es an der Haustür. Ibrahim nahm den Hörer der Sprechanlage ab und fragte:
„Wer ist da?"

Er ging zur Tür und machte auf. Als er zurückkam, war er von einem Freund begleitet. Ibrahim übergab ihm alle Kartons, die sich in seinem Zimmer befanden, auch alle Papiere aus dem Esszimmer, das von ihm in ein geheimes Lager umgewandelt worden war. Er hinterließ alles sauber und unverschlossen. Nach dem Frühgebet verließ er das Haus und verschwand.

Eine Brise von Freiheit wehte durch unser Haus. Sogar die kleine May sagte:
„Mama, kommt Onkel Ibrahim wieder?"
„Weiß Gott! Warum fragst du?"
„Ich möchte nicht, dass er wiederkommt, Mama. Er hasst meine Puppen und bricht ihnen den Hals, sobald er eine von ihnen findet. Ich habe noch nie einen großen Mann gesehen, der die Spiele von Kindern hasst!"

22

Der Morgen begann sehr ruhig, ganz anders als gewöhnlich. Was ich aber am meisten vermisste, war der Kaffeeduft, der normalerweise morgens in meine Haare zieht, meine Wangen berührt und mich bis in die Zehen hinein kitzelt. Wenn ich morgens aufwache, empfängt er mich für gewöhnlich, der Kaffeeduft, wünscht mir einen guten Morgen und lächelt mich an wie eine besorgte und frohe Mutter ihr gerade erwachtes Kind. Sobald ich nur Kaffee im Hause rieche, kommt mein Herz zur Ruhe und sagt mir, dass meine Welt in Ordnung ist.
Ich verließ mein Zimmer. Die Trauer, die seit der Abwesenheit Ibrahims hier herrschte, schlug mir sogleich entgegen. Das Haus war für meine Mutter zur Hölle geworden, weil es sich inzwischen aller Männer entledigt hatte, abgesehen von dem kleinen Muhssin. Es war jetzt ein Haus voller Frauen. Mehr und mehr empfand meine Mutter, dass Frauen ohne einen Mann, der sie schützt, in Gefahr wären, und nahm zur Sicherheit größere Mengen ihrer Diabetesmedikamente ein als vorher.
Ich fand meine Mutter, wie sie auf ihrem Gebetsteppich saß und im Koran las. Ich fragte sie:
„Wo sind die Mädchen?"
„Sie sind zur Schule gegangen."
„So früh!"
„Du bist es, die zu spät dran ist. Es ist jetzt halb acht."
„Wo ist unser Kaffee?"
„Wir haben keinen Kaffee gekocht, denn ich faste heute."

Ihre Antwort überraschte mich, denn heute war eigentlich keiner der üblichen Tage, an denen sie fastete – das waren die Tage Donnerstag und Montag, oder die weißen Tage, die Tage nach den Vollmondnächten, oder die ersten sechs Tage im Schawal, dem zehnten Monat des muslimischen Jahres. Ich fragte sie:
„Warum fastest du denn heute?"
„Sühne!"
„Sühne, wofür denn? Gab es einen Schwur, den du nicht erfüllt hast?" fragte ich und lachte.
„Nein, aber vor zwanzig Jahren gebar ich einen Jungen. Er hieß Mohammed. Eines Nachts schlief ich im Wochenbett ein, während ich ihn stillte. Und als ich wach wurde, fand ich ihn tot an meiner Brust." sagte sie.
„Ich kenne diese Geschichte, das ist doch so schon lange her. Warum denkst du gerade jetzt daran?"
„Ich habe Angst, ich könnte ihn umgebracht haben. Deswegen fange ich heute an, zwei Monate lang zu fasten, als Sühne für die Tötung eines Lebens."
„Und warum gerade jetzt?"
„Früher war es kein Problem für mich, das zu glauben, was die Leute sagten: das Sterben eines Säuglings beim Stillen wäre gar nicht so selten. Aber nachdem ich im Fernsehen einen Scheich darüber reden gehört habe, habe ich Angst bekommen, dass ich den Tod des Kindes verursacht haben könnte. Seither habe ich Schuldgefühle, die mir schlaflose Nächte bereiten."
Ich verließ meine Mutter und ging zu meiner Arbeit im Krankenhaus. Ich fragte mich: Ist es wirk-

lich diese alte Wunde, die meine Mutter mit ihrem Fasten heilen wollte? Oder bestraft sie sich im Grunde für das, was mit Ibrahim geschehen war?

Im Krankenhaus rief mich eine Schwester zu einem Fall. Es war eine Patientin, die unter starken Blutungen aus der Gebärmutter litt. Sie musste unbedingt operiert werden. Eine Mitarbeiterin des Krankenhauses versuchte, den Ehemann zu erreichen, aber der meldete sich nicht. Die Lage der Patienten war kritisch. Ich fragte die Schwester:
„Warum bringt ihr sie nicht schon in den Operationssaal?"
„Ihr Ehemann muss mit der Operation einverstanden sein und unterschreiben. So ist die Vorschrift."
„Ist die Patientin denn selbst bereit, sich operieren zu lassen?"
„Ich weiß es nicht!"
Ich ging in das Krankenzimmer der etwa vierzigjährigen Patientin. Sie klagte über Bauchschmerzen. Ich fragte sie:
„Hat dich der Arzt über deinen Zustand informiert?"
„Ja."
„Hat er dich auch darüber informiert, dass du eine Operation benötigst?"
„Ja."
„Bist du damit einverstanden!?"
„Ja!"
„Würdest du das auch unterschreiben?"
„Ja"
Ich ging hinaus und sagte zur Schwester:
„Die Patientin ist einverstanden."

Der Verwaltungsbeamte, der neben dem Tisch stand, sagte:
„Das Einverständnis muss von ihrem Vormund kommen."
„Aber wir können ihren Ehemann nicht erreichen, und ihr Zustand könnte noch kritischer werden. Außerdem ist sie eine vierzigjährige Frau, die die Verantwortung für sich selbst tragen kann!"
„Stimmt, aber wer trägt die Verantwortung, wenn der Mann kommt und ihm diese Entscheidung nicht gefällt?" erwiderte der Beamte.
„Ich! Wir sind in einer staatlichen Einrichtung und ich als Sozialarbeiterin arbeite hier und vertrete sie. Ich werde meine Unterschrift unter die der Patientin setzen." sagte ich.
„Du übernimmst die Verantwortung mit deiner Unterschrift?"
„Ja. Gib mir die Krankenakte!"
Ich nahm die Akte und bat die Patientin, zuerst zu unterschreiben, und dann setzte ich meine Unterschrift darunter. Man brachte die Patientin zum Operationssaal, während ich immer wieder ihren Mann anzurufen versuchte, allerdings ohne Erfolg.

Schatha erzählte mir, dass ihre Familie in diesen schönen Tagen ein riesiges Zeltlager in der Wüste veranstalten, und sie selbst am nächsten Tag, am Donnerstag vor dem Wochenende, dorthin fahren würde. Sie fragte mich:
„Fährst du mit?"
„Ich weiß es nicht, vielleicht erlaubt mir meine Mutter das nicht!"
„Sag ihr, dass du am Donnerstag arbeiten musst,

und ich komme um acht Uhr früh bei dir vorbei und hole dich ab."
„Gut … ich denke darüber nach!"

In der Nacht versuchte ich mit aller Mühe einzuschlafen, um die ständigen Gedanken an eine heimliche Flucht zusammen mit Schatha in die Wüste zu vertreiben. Ich war jetzt eigentlich zu alt für solche Heimlichkeiten und zog inzwischen Widerstand und Kampf dem Lügen und dem Flüchten vor. Ich dachte, dass Flucht und Lüge in meinem heutigen Alter Zeichen von Angst und Schuldbewusstsein wären. Ich hasste jetzt diese Gefühle und achtete sehr darauf, dass sie mich möglichst nicht heimsuchten.
Nach dem Verschwinden Ibrahims wurde meine Mutter depressiv. So wie vorher Fahd hatte auch er sie jetzt durch seinen Weggang enttäuscht. Statt den Kampf für sie in ihrem Haus zu übernehmen, war er nach Afghanistan gegangen, um dort zu kämpfen. Ibrahim wollte nicht hinter ihrer Fahne herlaufen, denn beide, meine Mutter und ebenso Ibrahim, wollten lieber eine eigene Fahne vor sich her tragen. Die Gesundheit meiner Mutter und ihre psychischen Probleme ließen es nicht zu, eine Auseinandersetzung mit ihr auszufechten, um mit meiner Freundin Schatha zum Zeltlager fahren zu können. Meine Mutter glaubte, dass das Ende dieser Welt bevorstünde und die Zeichen des Jüngsten Gerichts schon sichtbar seien. Sie glaubte auch, dass man sich auf nichts freuen sollte. Würde sie merken, dass sie mich mit ihren Weltuntergangsvorstellungen nicht beeinflussen konnte, würde sie mir

Egoismus vorwerfen, weil ich mich noch immer von ganzem Herzen auf Ausflüge freuen konnte, obwohl meine Brüder nicht mehr zu Hause waren.

Wegen der Schwäche und der Trauer meiner Mutter wollte ich keinen Streit mit ihr führen. Die Kämpfer, die Ritterlichkeit besitzen, kämpfen nicht verräterisch und auch nicht gegen Schwache. Aber auch mein Herz war schwach - voller Verlangen und Sehnsucht nach Walid. Es klopfte so, als wäre es ein Vogel, der gerade seiner Freiheit beraubt in seinem Käfig wild mit seinen Flügeln schlug. Mein Herz wünschte sich, ich würde die Käfigtür aufstoßen, damit es zu Walid fliegen könnte.

Den ganzen Abend über hatte ich noch Widerstand gegen meinen Wunschgedanken gehabt, mit Schatha zu fahren, obwohl ich doch Walid dort treffen würde. Aber mein Herz! Jedes Mal versteckte ich es hinterrücks, und dann kam es wieder von der anderen Seite hervor und blickte mich an wie ein Kind, das unverdrossen etwas zu bekommen versucht und inständig und hartnäckig bittet. Ich legte mich auf meine linke Seite und begann allmählich, auf das Klingen der Schwerter und den Marschtritt der Armeen der Sehnsucht zu hören, die auf mich zukamen. Sie verlangten von mir: entweder Kampf oder Kapitulation. Ich rang mich dazu durch, Walid anzurufen. Seine Mailbox antwortete: „Die gewählte Nummer ist zurzeit außer Betrieb. Bitte rufen Sie später wieder an. Danke."
Ich schrieb ihm folgende Mitteilung auf sein Handy:

„Deine Zuneigung ist der Sand, den der Wind über die Poren meiner Haut weht, so dass mein Herz donnert und im Sturm blitzt. Ich widersetze mich meiner Sehnsucht so hartnäckig wie Sisyphos mit seinem Felsen rang. Ich trage meine Sehnsucht zum Gipfel; der Berghang führt mich zu dir. Ich begehre deine Stimme und wünsche mir, sie schliefe im Hörer meines Telefons und umhüllte und streichelte mein bebendes, klopfendes Herz. Abermals und abermals schiebe ich meine Sehnsucht nach dir vor mir her. Ich vertreibe die Zeit mit Zählen, um die Erinnerung an dich zu verdrängen, aber schon bevor ich zur Zahl ‚zehn' komme, purzeln alle Zahlen durcheinander; ich komme nicht mal bis zur Vier. Auf deinem Gesicht zeichnet sich die Liebe ab. Dein sandiges Gewand verführt mich dazu, mich in deine Wärme einzuhüllen und dort bis zum Ende der Welt zu schlafen. Wenn ich nach meinen Gesichtszügen im Spiegel deiner Augen suche, erblicke ich andere Frauengesichter; ich glaube, dass du sie kennst, und die Flamme der Eifersucht nagt an meinem Herzen, und mir steigt der Brandgeruch meines brennenden Herzens in die Nase!"

Ich schickte diese Mitteilung ab und legte das Handy auf meinen Nachttisch. Jetzt, nachdem ich meine Sehnsucht nach ihm losgelassen hatte, merkte ich, wie sich mein Gefühl von Unbesonnenheit wieder beruhigte und verflüchtigte. Kurz darauf kam aus meinem Handy die Melodie einer Mitteilung. Es war sein telefonischer Brief, der das kleine Licht zum Leuchten gebracht hatte. Ich öffnete das Herz des Briefs und las:

„Gott sei Dank dafür, dass er mir deinen Spürsinn schenkte, der mir vor allem half, meinen richtigen Weg zu finden. Hind, du machst dieses Abenteuer zu etwas Wunderbarem und überzeugst mich, Meer und Schiff und Kapitän zugleich zu werden. Dank dafür, meine Schöne, die du einen Menschen unter vielen liebst und ihm das Gefühl gibst, er sei der Beste von allen. Ohne dich hätte ich vielleicht den einfacheren Weg gewählt, und vielleicht hättest du jemand anderen gewählt … Walid."

Kaum hatte ich seine Worte gelesen, öffnete der Vogel in meinem Herzen die Käfigtür und flog davon. Da entschied ich mich, ihm morgen zu folgen!

23

Die Wolken fielen auf das Nagd-Gebirge herab. Das Wetter nahm Abschied von den letzten Wintertagen in Nagd und gab das Startzeichen für den Frühlingsbeginn. März ist der Monat, der Regen verspricht und ihn tatsächlich nicht vergisst. In unserem Land gibt es nicht viel Regen; wenn er aber einmal von oben herabstürzt, bringt er allerlei Erfreuliches, aber auch Trauriges mit sich. Die Erinnerungen, die der Regen hervorspült, haben einen fremdartigen Geschmack, der das Herz schmerzt und Wehmut erregt … Wehmut über ein verflossenes Leben, das wir nicht leben konnten, oder über einen Weg, den wir für den besten hielten, aber nicht einschlugen, oder über eine Zeit, die schnell wie ein Wasserfall zwischen unseren Händen verrann.

Der Regen erregt merkwürdige Gefühle in uns; Freude, Glück, einen Rausch unserer Seelen. Doch das Merkwürdigste dabei ist, während wir vom Glück berauscht sind, lässt uns dieser Regen fragen: „Welches Geheimnis steckt wohl dahinter, dass die Freude einen so traurigen Geschmack haben kann?!"

An den Rändern der asphaltierten Straße wuchsen viele kleine Blumen. Das Wasser glänzte wie Silber auf den Rändern der kargen Flächen, die vom gestrigen Regen getrunken hatten – von dem keine Spuren zurückgeblieben waren außer dem Glanz der flachen Wasserlachen. Die kaum befahrene Straße wirkte beschwingt. Einige Autos mit voll gepacktem Kofferraum fuhren vorbei auf ihrem Weg in die Wüste, wo die ersten Zeltlager des Frühjahrs errichtet werden sollten.

Die Wüste öffnete ihr Herz für ihre Kinder, die der Allmacht der Städte entfliehen wollten. Und wie eine Braut, die sich mit vielen Farben schmückt, bereitete sich die Wüste auf den Empfang aller dieser Menschen vor: blauer Himmel ... weiße Wolken, die vor der verschleierten Sonne wie glänzende Ringe aussahen, purpurfarbener Sand, das Fantasiebild eines grünen Baumes, der seine Finger in die Haare eines anderen Baumes steckt.

Die Sonne ging gerade auf, als ich unterwegs war, so, als hätte jemand sie nur für mich aufgeweckt; sie kam leicht und gemächlich hervor und lächelte die bunten Zelte an, die auf dem Thoumame-Sandweg aufgestellt waren, diesen bezaubernden Hügeln aus Sand. Auf der anderen Seite befindet sich das Tuweq-Gebirge, das das Herz Nagds von Osten und Norden her durchquert. Aus dem Autofenster heraus sahen wir die Pfützen wie Silber auf den felsigen Flächen glänzen. Der Sand hatte das Regenwasser wie ein Schwamm aufgenommen. Voller Freude schien die Sonne auf die hohen Hügel, so dass der Sand das Regenwasser unter seiner weichen Haut vor ihr versteckte. Doch die Sonne streckte ihre warmen Finger so tief unter seine Haut, bis sie die Feuchtigkeit darin erreichen und erraten konnte, wann der Regen in ihrer Abwesenheit gefallen war.

Walid trat aus dem Zelt, um uns zu begrüßen. Als er uns erblickte, leuchtete uns sein Lächeln voll warmherziger Freude entgegen. Sein Umhang erinnerte mich an den meines Großvaters Abdul-Muhssin, Salmas Geliebten. Walid wickelte seine rote Hatta, die Kopfbedeckung der Beduinen, um den Kopf und zog ihre Enden um sein Gesicht. Er machte mir die Autotür auf und flüsterte mir leise zu:

„Herzlich willkommen! Wäre die Sonne nicht schon am Himmel, so wäre sie soeben aufgegangen!"

Nach dem Mittagessen stiegen wir in den japanischen Geländewagen ein. Walid schaltete das Magellan-Navigationsgerät an; auf dem Bildschirm leuchtete eine Karte, auf der unser Zelt mit einem schwarzen Punkt lokalisiert war. Walid sagte zu Schatha:

„Schau genau hin. Hier ist unser Standpunkt. Ich habe ihn hier gespeichert. Da ist der Weg, den du nehmen musst, immer entlang der schwarzen Linien. Auf dem Rückweg musst du diesen schwarzen Linien wieder folgen, damit wir zu dem gleichen Punkt zurückkehren, von dem wir losgefahren sind. Hast du verstanden?"

„Ja, ich habe es verstanden, jetzt lass mich endlich das Auto fahren!"

Schatha fuhr das Auto. Wir wollten einfach die Gegend entdecken. Dann sagte Walid zu Schatha:

„Bitte, halte mal hier an!"

Walid und ich stiegen aus und Schatha sagte begeistert:

„Ich werde die Sandberge hinauf und wieder hinunterfahren, wie wir es damals als Jugendliche gemacht haben!"

„Aber halte dich an unseren Ausgangspunkt hier auf dem Magellan-Bildschirm, sonst sind wir verloren.“ sagte Walid.
„Keine Angst, bei dir sind ganze Männer!“ Dabei klopfte Schatha sich selbst auf die Brust … und fuhr los.
Die Gegend war voller felsiger Berge, über die Walid einiges zu erzählen wusste:
„In alten Zeiten gab es hier einen Damm für einen breiten Wasserlauf.“
Bei Walid vermischten sich für mich Geographie und Geschichte: die Zeit ist nicht nur Zeit und das Land nicht mehr nur Land. Ich fühlte, ich betrat eine Umlaufbahn im zeitlosen Weltall, die mich einmal in Richtung Vergangenheit und einmal in Richtung Zukunft schaukelte. Zwischendurch holte Walid mich in die Gegenwart zurück, indem er meine Taille umfasste, mich zu sich heranzog, mich küsste und sagte:
„Hurra, jetzt sind wir da!“

Der Boden um uns herum glänzte, benässt von den zahlreichen Quellen, aus denen das Wasser hervorsprudelte; wasserblau glitzerte es wie lauter Spiegel in den Bäuchen dieser verstreuten Wasserquellen. Wer glaubt schon, hier im Herzen der Wüste von Nagd solche Farben und solches Wasser vorzufinden?
In der Weite der Wüste atmete alles ruhig und die Felsen, das Wasser und die Gebirge flüsterten uns ihre Anwesenheit zu. Die gewaltige Wüstenszenerie erstreckte sich rund um uns herum, die Wüste war die alles beherrschende Realität, wir nur ihre Schat-

ten. Zum ersten Mal wurde ich mit dieser natürlichen Gleichung auf der Erde konfrontiert. In den großen Weiten offenbarte sich die Stille der Steine, der Büsche und des Tales. Und der hochragende, felsige Damm hinter uns war von Menschenhänden erbaut worden, die es längst nicht mehr gab. Je tiefer wir in die Weite der ewigen Stille vordrangen, umso kleiner wurden wir; wir wurden zu winzigen Punkten, ähnlich den kleinen Steinchen im braunen Kies. Die bescheidenen Farben der Erde verliehen der Gegend ein beherrschendes, ehrwürdiges Gesicht.

Walid vergrub seine Finger in meinem Haar, hörte damit auf und drehte mich zu sich hin, öffnete seinen braunen Umhang, nahm mich darin auf und drückte meinen Körper an sich. Und wie bei den Hexen der nagdäischen Märchen verschwand ich in einem Baumstamm und flog davon. Und während ich hoch in der Luft schwebte, sah ich direkt unter mir das Paradies von Eden. Mein Herz klopfte heftig. War der Grund dafür meine Angst … oder meine Freude?

Von meinem Paradies aus, dessen Tor sich für mich und Walid geöffnet und uns hinein gelockt hatte, erschien vor mir eine endlose Weite – ohne Dach für die Augen, ohne Wände für unsere Blicke, da nur der Himmel und die weiten Gebirge eine unendliche Grenze zogen. Das Wasser des gestrigen Regens floss unter unseren Füßen über den felsigen Boden. Sein Plätschern übertönte alle anderen Töne, selbstbewusst wie ein Mann, der sich in seinem eigenen Haus bewegt – und mit der Einbildung, dass es nie wieder austrocknen könnte. Die feuchte Erde verfolgte den Lauf des Wassers mit der Freude eines kleinen, spielenden Mädchens, das die Sonne des nächsten Tages nicht fürchtet. Die Natur um uns herum behauptete sich mit ihrer ewigen Macht, während die sterbliche Menschheit kaum zu spüren war. Es gab nur noch Spuren von Menschen, die hier einmal vorübergegangen waren, die gespielt, gekauft, verkauft, geliebt, geheiratet, Kinder gezeugt, sich bekämpft oder auch geweint hatten. Aber am Ende waren sie weggezogen, gestorben und für immer verschwunden. Nur Spuren ihrer Geheimnisse ließen sie auf dieser Erde zurück. Die Wasserquellen brauchten ihren Durst nicht mehr zu löschen.

Die Lebendigkeit der Natur erscheint viel stärker als das Leben der sterblichen Menschen. Als das Wasser unter meinen Füßen dahin plätscherte, fühlte ich mich leicht wie ein Vogel, den die Winde trugen, indem sie in das Gefieder seiner Flügel pusteten. Der Vogel stieg hoch hinauf, verschwand aus den Augen und löste sich in Luft auf. Ich wurde zu einem Körnchen Sand, sachte vom Wind getragen. Für einen Moment verlor ich das Gefühl für mein reales Dasein und für das Gewicht meines Körpers. Es war, als trüge mich jemand und ich würde in reine Luft verwandelt. Als mein Herz vor Freude jubilierte, hätte ich gerne Walid gefragt, ob auch er die gleiche Leichtigkeit fühlte; aber ich war unfähig zu sprechen. Walids Hände entführten mich und er überschüttete mich mit einem Sturzbach von Küssen und Feuer … mein riesiger Hunger machte den Bach zu einer höllischen Stromschnelle.

Er streckte mir seine Hand entgegen und hob mich aus der Sandschaukel heraus. Ich ordnete meine Kleider und schüttelte den Sand davon ab. Mein Herz fiel vom Himmel, wie ein Vogel, der auf seinen Füßen landet, während seine Flügel noch flattern. Die Wärme von Walids Hand brachte mir mein fieberheißes Körpergefühl zurück und mein Körper verlor seine Leichtigkeit. Die Anziehungskraft der Erde zog mich nach unten. Dann spürte ich, wie meine Füße auf die Erde prallten. Es war, als wäre ich aus einem Traum oder - wie die Buddhisten es nennen - aus dem Nirwana wieder aufgewacht. Ich wandte mich ihm zu und fragte ihn:

„Hast du etwas gespürt?"

„Ja, das gleiche wie du!"

Der Lufthauch wehte alle Feigenblätter von meinem Herzen weg, und meine Leidenschaft und meine Zuneigung lagen jetzt völlig offen vor ihm. Mit seinen Augen, die durch seine dichten Wimpern wie schwarz geschminkt wirkten, schaute er mich liebevoll und voller Begehren an. Sein Augenschwarz schwamm im ruhigen, glücklichen Augenweiß. Als er mich so anblickte, sah er aus, als betete er zu Gott und flüsterte ihm schwer erfüllbare Wünsche zu. Er schaute mich unter der strahlenden Sonne an und lächelte, denn er merkte, dass ich total verliebt war. Ich sagte zu ihm:

„Walid, ich habe immer das Gefühl, dass die Freude sich nicht völlig hergibt. Sie schenkt uns nur ihre eine Hälfte, und zur anderen Hälfte bleibt uns ein Anteil Unglück. Kazantzakis schrieb einmal etwas in diesem Sinn. In seiner Autobiografie erzählt er: Während eines Besuchs in Athen, der Stadt, die ihn in Erstaunen versetzte und mit Freude erfüllte, war er sehr glücklich; aber er hatte das Gefühl, dass Teufel ihn beobachteten und ihm auflauerten. Und weil er glaubte, dass man für jede Freude einen Preis zahlt, eilte er in ein Geschäftsviertel und kaufte sich ein paar enge Schuhe, die er sogleich anzog. Sie sollten beim Laufen in der Stadt auf seine Füße drücken und schmerzen. Für die Freude, die er zu erleben hoffte, wollte er lieber direkt einen abschätzbaren Preis zahlen, statt auf einen unbekannten Preis zu warten, der ihm unvermittelt auf den Kopf fallen könnte."

Walid lachte sich halbtot, während er mir zuhörte, und sagte mit seinem Witz:

„Das heißt, er selbst war es und nicht Gott, der ihn quälte!"

„Ach, schade, Walid, dein realistisches Denken verdirbt das schönste Bild!"

Er lachte über meine Naivität und sagte:

„Wer brachte dir bloß bei, den Genuss von Schmerzen gutzuheißen? In diesem Punkt bist du wie meine Schwester Schatha. Das nennt man Masochismus. Gottes Gesicht ist sicher nicht so düster, wie du es dir vorstellst. Er rennt nicht mit der Peitsche in der Hand hinter dir her. Warum beschäftigst du dich so intensiv mit der Beobachtung der eigenen Fehler und Vergehen? Hind, du bist eine wunderbare Frau, und alles, was du machst, ist ein Ausdruck dieses Wunderbaren. Hat dir jemand denn jemals das Gegenteil erzählt?"

„Niemand hat mir je gesagt, ich sei wunderbar. Meine Mutter war immer der Meinung, dass wir

Mädchen der Grund für ihre Sorgen und schlaflosen Nächte seien. Manssur sah mich nicht anders als eine aus der Schar der Harim, denen es nach der Überlieferung sowieso an Vernunft und Religiosität fehlt. Ibrahim betrachtete mich immer mit Skepsis. Wenn ich nur an ihm vorbeiging, sah er mich an wie ein böses Omen - als wäre ich eine Gesandte Satans. Und mein Vater hatte Mitleid mit mir, so als wäre ich ein verwundeter Spatz, der einen Käfig braucht, damit die Katzen ihn nicht fressen können. Nach alldem, sag mir, Walid, wie könnte ich jetzt leben, ohne an mir zu zweifeln?"

„Aber in meinen Augen bist du wunderbar! Hör genau zu, wenn ich dir das sage … das darfst du nie vergessen!"

„Du bist der einzige, der daran glaubt, dass ich wirklich eine selbstständige Frau bin, eine Frau, die denken, sprechen und lieben kann. Deswegen ist dieses Wundervolle, das du bei mir siehst, nichts anderes als dein Bild in meinem Spiegel … da, wo der Spiegel klar ist und wie Silber glänzt!"

24

Maschael, meine mittlere Schwester, kam zu uns zu Besuch. Diese Schwester liebte mich über alles. Ich war ihr Schwester und Freundin zugleich. Wir spielten zusammen, kochten zusammen und bekamen gemeinsam Schläge. Sie war diejenige, die in meiner Pubertät die Tür meiner Mutter für mich beobachtete und meine Geheimnisse vor ihr schützte. Sie bezahlte mit mir auch für Fehler, die sie nicht selbst begangen hatte. Sobald ich etwas Falsches machte, geriet sie automatisch auch in eine schwierige Lage, da meine Mutter nie glaubte, dass Maschael von meinem Tun nichts wusste, selbst wenn sie wirklich keine Ahnung davon hatte.
Maschael heiratete einen Verwandten von uns, mit dem sie im Briefwechsel gestanden und in den sie sich dann verliebt hatte. Das empfand sie als bösartige Sünde; der Gedanke daran verfolgte sie, weil die Religionslehrerin die Schülerinnen jeden Tag erinnerte: Gott würde nie den Mädchen verzeihen, die unter dem Vorwand von Liebe und Leidenschaft der List und Tücke des Satans folgten. Die Liebe sei für die Mädchen nichts anderes als eine Falle, die dazu führte, dass sie unehrenhaft und in Sünde schwanger würden. Aus diesem Grund heiratete meine Schwester Maschael ihren Briefliebhaber noch, während sie in der neunten Klasse war und verließ dann die Schule. Sie war nun mit ihrem neuen Leben beschäftigt, das mit den wechselnden Gelüsten während ihrer Schwangerschaften und mehreren Geburten ausgefüllt war. Sie gebar sechs Kinder innerhalb von sieben Jahren, da ihr Mann

die Geburtenregelung für eine von Gott verbotene Sünde hielt. Außerdem war er der Meinung, eine junge, gebärende Frau sei nach außen hin ein Beweis für ein gutes Sexualleben und für einen gesunden Bauch, und Gott schenke ja den geborenen Kindern auch noch ihren Lebensunterhalt, wie der Volksmund sagt.

Maschael kam also heute zu uns wie jeden Donnerstag. Sie trug ihre schwarzen Handschuhe und schwarzen Strümpfe. Ihr Gesicht sah wie immer müde und erschöpft aus.
Ihre Kinder forderten sie ständig. Und dabei hatte sie Angst, ihr Mann könnte an eine zweite Heirat denken, wenn sie den Kindern zu viel Beachtung geben und ihn vernachlässigen würde. Maschael bemitleidete mich und meine Schwester Awatif, weil wir uns in ihren Augen in unseren Sünden verloren und von der Gnade Gottes entfernt hätten – und letztlich, weil die Engel unsere Zimmer nicht beträten aufgrund der vielen Bilder, der kleinen Figuren und der zahlreichen Lieder, die wir in unseren Zimmern aufbewahrten.

Bei ihrem Besuch heute brachte sie mir ein „Rettungsschiff" mit, das mein Leben ein wenig in Ordnung bringen sollte. Meine Mutter gab mir sofort einen entsprechenden Fingerzeig:
„Maschael hat einen Bräutigam für dich!"
Mein Handy klingelte. Ich verließ das Wohnzimmer, um zu antworten. Walid war am Apparat:
„Ich bin auf dem Weg zum Flughafen. Bevor ich abfliege, wollte ich nur deine Stimme hören!"

„Ich schreibe dir per E-Mail. Pass auf dich auf!"
Ich kam ins Wohnzimmer zurück. Maschael schwieg, aber meine Mutter sagte:
„Der Hauptmann Suleiman Badran, ein Kollege von Maschaels Mann, möchte dich heiraten. Seine Frau kriegt keine Kinder!"
Es scheint, dass meine Mutter nie aufgibt. Sie entschied sich, meinem Leben mit der Hilfe eines Hauptmanns einen neuen Ruck zu geben. Ich fragte sie:
„Weiß der Herr Hauptmann, dass ich in einem Krankenhaus arbeite?"
„Du willst doch nicht etwa nach der Hochzeit weiter arbeiten? Das brauchst du gar nicht. Außerdem wünscht sich der Mann Kinder. Das heißt, du wärst mit den Kindern beschäftigt."
Ich warf Maschael einen drohenden Blick zu. Sie drehte ihr Gesicht weg und beschäftigte sich damit, ihr jüngstes Kind zu stillen.
Awatif kam angerannt und sagte atemlos, während sie ihr Handygespräch beendete:
„Macht schnell das Fernsehen an, das Gebäude der Öffentlichen Sicherheit ist explodiert!"
Sofort stellten wir den Fernseher an. Es erschienen Bilder von den zerstörten Etagen des Gebäudes, von den Glasscherben, die die Straße bedeckten, von den Menschen, die sich um das Gebäude herum versammelt hatten, von den vielen Autos der Landesverteidigung und von den dichten Rauchwolken, die überall über den Platz zogen. Die Stimme Maschaels fuhr dazwischen:
„Möge Gott sie auf den rechten Weg führen."
Awatif schaute ihre Schwester an und seufzte tief:

„Möge Gott sie lieber zu sich nehmen und uns von ihnen erlösen!"

Maschael sagte:

„Verfluche sie nicht! Sie sind doch junge muslimische Männer. Man darf sie nicht verfluchen. Du solltest zu Gott beten, damit er ihnen den rechten Weg weist!"

Ich blickte Maschael erstaunt an. May schrie plötzlich:

„Papa … da ist Papa!"

Es war tatsächlich Manssur, der in dem Gebäude in einer Abteilung der Öffentlichen Sicherheit arbeitete. Das Bild zeigte ihn in seiner Militäruniform, verletzt, aber man war gerade dabei, ihn zu versorgen. May sprang immer wieder wie verrückt auf und fragte mich:

„Warum blutet Papas Hals?"

May schrie und schlug auf meine Schulter. Ich nahm sie hoch und lief mit ihr weg, bloß weg von diesen Schreckensbildern im Fernsehen:

„Beruhige dich doch, meine Liebste, alles wird gut mit deinem Papa."

Ich rannte schnell zu meinem Handy und versuchte, Manssur zu erreichen, aber sein Handy war ausgeschaltet. May weinte weiter. Mutter kam zu uns; sie rieb ihre Hände und wiederholte dauernd:

„Ich vertraue allein Gott, dem Allmächtigen. Versuche, einen seiner Brüder zu erreichen. Sicher sind sie in seiner Nähe!"

Ich erreichte seinen Bruder Mohammed per Handy:

„Ist Manssur in Ordnung?"

„Ja, es geht ihm gut. Wir sind bei ihm im Kranken-

haus. Er hat eine Wunde an seinem Hals, aber sein Zustand ist stabil. Es gibt keinen Grund zur Beunruhigung, macht euch keine Sorgen!"
„Kann er mit seiner Tochter sprechen? May ist fast zusammengebrochen!"
„Gut, gib ihr das Telefon."
May schrie:
„Papa, wirst du sterben?" Dann sagte sie: „Gut, Papa."
Sie schaltete das Telefon aus und wandte sich an uns:
„Papa kommt und nimmt mich mit!"
Sie packte sofort ein paar Kleidungsstücke in ihren kleinen Koffer und wartete fast die ganze Nacht, bis sie endlich einschlief.

Frühmorgens klingelte es an der Tür. May rannte sofort hin und kam gleich wieder zurück:
„Papa ist gekommen!"
Mein Herz zog sich zusammen. Ich hörte meine Mutter sagen:
„Wir stammen von Gott und kehren zu Gott zurück."
Manssur kam herein, einen Verband an der Seite seines Halses. May brachte ihren Koffer, setzte sich neben ihn und wollte gar nicht mehr weg von seiner Seite. Sie wollte ihren Vater bewachen; er sollte nicht sterben. Sie sagte zu ihm:
„Ich bleibe bei dir, Papa. Ich lasse dich nicht sterben!"
Manssur küsste ihre Hand. Ich sah den Glanz von Tränen in seinen Augen. Er bat meine Mutter, mit ihm in das Empfangszimmer der Männer zu gehen,

um mit ihr alleine sprechen zu können. Sie gingen zusammen hinein. Als meine Mutter wieder herauskam, tränten auch ihre Augen. Sie ging in ihr Zimmer und kam nach einer Weile zurück, ebenfalls mit ihrem Koffer. Manssur sagte:
„Ich werde May und Tante Heele in unser Dorf Zelfi mitnehmen. Sie sollen von diesen schlimmen Nachrichten ferngehalten werden. Die Gesundheit meiner Tante kann noch schlimmere Nachrichten nicht mehr ohne weiteres ertragen."
„Gibt es Schlimmeres als das?"
„Gott behüte!"
Auch Awatif folgte meiner Mutter. Ammusche begab sich in ihr Heimatdorf Leila. Auch ich nahm meinen Koffer und ging hinaus! Auch ich hatte meine Entscheidung getroffen: wegzugehen!
Meine Mutter hatte bereits mit Fahd telefoniert und ihm von dem neuen Heiratsbewerber, Suleiman Badran, erzählt. Sie bat Fahd, mich zu überzeugen, diesen Suleiman als Ehemann zu akzeptieren, zumal ich doch eine geschiedene Frau wäre. Und meine Chance, als geschiedene Frau noch einmal heiraten zu können, wäre ja begrenzt: eben als Zweitfrau oder als Frau eines älteren, verwitweten Mannes.

Fahd konnte meine Mutter dazu überreden, dass ich ihn in Kanada besuchen zu dürfe. Er könnte mich dann von der günstigen Heiratsmöglichkeit überzeugen und mit mir nach Riad zurückkommen, um mich hier zu verheiraten. Meine Mutter war bereit, alles zu tun, was Fahd auch immer von ihr wünschte, wenn es nur dazu führte, dass ich die

Ehe mit ihrem neuen Soldaten akzeptieren würde. Sie glaubte, Fahd würde es gelingen, mich zu überzeugen, und er selbst würde wirklich nach Riad zurückkommen. Sie war überzeugt, sie würde zweimal eine Freude erleben: zum einen die Rückkehr von Fahd und zum anderen meine Hochzeit. Es sollte alles genau so geschehen, wie sie es sich vorstellte, es musste so geschehen! Sie hatte keine andere Wahl, außer daran zu glauben. Sie würde nie hinnehmen, dass ihre beiden Söhne für immer fern von ihr lebten. Alles sollte wieder seine Ordnung haben, so, wie sie es geplant hatte – ihre Ordnung. Fahd würde zurückkommen, sich anstelle seines verstorbenen Vaters um die Frauen der Familie kümmern und mich verheiraten. Ibrahim würde auch zurückkommen, heiraten und bei ihr wohnen. Ich selbst würde zu meinem künftigen Mann ziehen. Sie glaubte zwar, dass ich wahrscheinlich viel über ihn klagen würde, aber in einer zweiten Ehe sei jede Frau nachgiebiger als in der ersten, weil sie ja in einer geschwächten Position sei. Überdies sei die Ehe kein Kleid, das man beliebig schnell an- und ausziehen könnte. Deswegen erlaubte sie mir die Reise nach Kanada.

Fahd ließ sich von mir überreden. Er kam meiner Bitte nach, mir einmal die Hand zu reichen und mir zu helfen. Er fragte mich:
„Willst du das Land verlassen, um mit ihm zu fliehen?“
„Ich fliehe nicht. Ich verspreche es dir. Aber ich möchte eine Chance haben, Walid richtig kennen zu lernen, weit weg von hier, weg von der Hölle des

Unrechts, das mich hier umgibt. Ich bin so durcheinander, dass ich nicht einmal sicher weiß, ob Walid Paradies oder Hölle ist. Ich möchte ihn nur besser kennen lernen, um nicht mit ihm die gleiche Erfahrung mit dem gleichen Ende machen zu müssen wie mit Manssur."

„Ja, gut!"

Fahd war überzeugt und half mir zum ersten Mal. Wirklich, zum ersten Mal war er bereit, die Verantwortung zu übernehmen, der er immer ausgewichen war.

25

Im Sommer verwandelt sich Riad in einen riesigen Ofen. Die Hitze pumpt ihr Feuer von überall her hinein. Die Luft ist still und bringt mehr Gifte mit sich als sonst. Dunkler Staub verdeckt den Himmel und verfärbt das Dunkel der Dämmerung zu einem glühenden, beängstigenden Rot. Der philippinische Fahrer fragte mich:
„Starten die Flugzeuge überhaupt bei einem solchen Himmel, der von so dichten Staubwolken verhangen ist? Es besteht ja kaum eine Sicht."
Das merkwürdige Rot trübt den wolkenlosen Himmel und lässt alle Lichter fahl werden. Die Wände der Gebäude sind heiß. Die Klimaanlagen hecheln unablässig den ganzen Tag über trotz aller Aufrufe, Energie zu sparen. Und die Menschen werden bei der Hitze zu hechelnden, wilden Tieren. Sie saufen kaltes Wasser, legen sich unter die Klimaanlage und schreien jeden an, der versucht, sie von der kühlen Stelle weg zu jagen. Die Menschen werden sowohl von einer eigenartigen Faulheit als auch von einem merkwürdigen Leichtsinn befallen. Man kann das im Straßenverkehr beobachten, wenn junge Männer andere Autofahrer mit obszönen Gesten beleidigen und beschimpfen – schon Kleinigkeiten wegen, die man im Winter einfach übergangen hätte. Im Sommer heizen sich solche Lappalien jedoch wie elektrisch auf, stechen direkt ins Nervensystem und lassen die Menschen ihre Fassung verlieren. Ich erinnere mich immer an den Satz des syrischen Schriftstellers Abdul-Rahman Munief in seinen Büchern über die Ölstädte und deren Lage,

wenn sie einmal nicht mehr über Öl verfügen: „Die Wolkenkratzer in diesen Städten werden sich in Öfen verwandeln." Dieser Satz kam mir vor, als könnte er einem jener aufregenden Hitchcock-Filme entnommen sein: die Sommerhitze dieser Öfen legte sich um meine Kehle und erdrosselte mich fast.

Die Polizeiwagen versperrten jeden Zugang, die Polizisten blickten in jedes Auto und verlangten von jedem Mann die Papiere. Im Autoradio lief das Lied „Warum bist du nur so traurig!?" Ich bat den Fahrer, dieses blöde Lied doch abzuschalten.

Vier junge Saudis fuhren mit ihren Motorrädern an uns vorbei. Ein paar Sekunden später passierte uns ein schneller Streifenwagen, noch ein zweiter, ein dritter und ein vierter. Wir befanden uns gerade im ‚Kairo-Kreisverkehr' in Richtung der alten Flughafenstraße. Die Streifenwagen versperrten die Straße Nummer 60 von der südlichen Seite her, als hätte dahinter schon eine Verfolgungsjagd begonnen. Solche Szenen gab es jetzt immer häufiger in Riads Straßen zu sehen. Gestern hatten die Sender Al-Arabiya und Al-Jazeera ein Bild von dem Amerikaner Johnson ausgestrahlt, der von Al-Qaida entführt worden war. Man hatte ihm den Kopf vom Körper abgetrennt. Al-Qaida verkündete: „Das ist die Antwort auf die Ermordung des Al-Qaida-Führers in Riad, Abdul-Aziz Elmoqran, der von saudischen Streitkräften ermordet wurde!" Der Schauplatz dieses Vorfalls lag auf der Straße Nummer 60, hier, wo ich gerade vorbeifuhr.

Das Ausstrahlen derart brutaler Szenen ist nicht mehr verpönt. Die Sender, die dabei nicht mitmachten, wären die Verlierer und den anderen gegenüber im Nachteil.

Ich stand vor dem Beamten an der Passkontrolle. Meinen Erlaubnisschein hielt ich fest in der Hand, den Schein, den ich als Frau außer dem Reisepass brauchte, um überhaupt das Land allein verlassen zu können. Manssur hatte ihn Tags zuvor für mich vorbereitet. Der Beamte prüfte den Namen gar nicht näher, sondern vielmehr die Echtheit des Papiers. Die Flucht von Frauen aus Riad schien zurzeit nicht als das größte Problem zu gelten, das die Verantwortlichen beschäftigte. Man war durch die Verfolgung der Terroristen etwas davon abgelenkt. Ich lief in den kalten Gängen und Hallen des Flughafens umher. Der Marmorboden war spiegelglatt und glänzte wie von Wasser übergossen. Er täuschte die Augen, so wie Balqies, die Königin von Saba, getäuscht worden war, als sie sich zum Propheten Salomon begeben hatte. In der Überlieferung hieß es, dass Salomon nur ihre Füße sehen wollte; denn es ging das Gerücht, sie hätte Ziegenfüße. Warum sind Frauenfüße öfter ein Thema von Legenden? Ich lief am Geländer der oberen Halle entlang. Das Plätschern der Wasserfontänen in der zentralen Halle des Flughafens erzeugte ein Echo, das sich in mehrere andere, offene Hallen fortpflanzte. Um diese Fontänen herum hatte man Bäume gepflanzt. Eine Szene, die dem Auge einen Zauber schenkt wie im Märchen, in dem sich Marmor, Bäume und Wasser zu einem wunderschönen Bild vereinigen

… und das Plätschern des Wassers versetzt die Seele in einen frischen Rausch, der sie erheitert.

Aus den Lautsprechern tönen die Aufrufe für den Start der Flugzeuge. Der Flughafen ist ein fremder Planet, der dem Reisenden das Gefühl gibt, er befände sich in einer Umlaufbahn, weit weg von seiner Familie und seinem Land, und gleich käme ein Raumschiff auf weiter Flugbahn hier vorbei und nähme ihn mit. Man ist umgeben von runden Wanduhren, die die verschiedenen internationalen Ortszeiten anzeigen. Ich schaute auf die Ortszeit von Riad, dann auf die Uhrzeit von Vancouver, wo ich bald sein würde. Mein Herz verfolgte die Uhrzeiger meiner neuen Zeit. Ach … wie schwer ist es, sich in eine Ortszeit zu begeben, die anders ist als die eigene jetzige und die – gegen den Uhrzeigersinn – weit vor dieser liegt! Die zum Start in alle Himmelsrichtungen bereiten Flieger stellten ihre Flügel auf, um die Reisenden überallhin zu tragen. Zwischen dem Flughafen und der Stadt Riad lagen Lichtjahre. Im Flughafen befand ich mich in einer Übergangszone zwischen Riad und der Welt. Ich musste mich weder in den schwarzen Umhang noch durch die Straßen Riads zwängen. Ich schwebte jetzt in einer Raumbahn, in der die Zeit schrumpfte. Die Anwohner dieser Bahn handeln mit hochtechnologischen Geräten wie Röntgengeräten, Lasern, Computerbildschirmen und Funkgeräten. Hier musste alles genau und präzise sein, hier hatten Gleichgültigkeit und Faulheit keine Chance.

Die Kälte in der prachtvollen Flughafenhalle blies mir ihren Wind ins Gesicht. Sie erweckte mich aus meiner Papierschiffchen-Raumreise. Aus meinem Herzen spross ein neues Lebensgefühl hervor. Den Zeitungsständern im Free Shop entnahm ich einige Zeitungen. Dazu ließ ich mir eine Tasse Nescafé geben, dessen durchdringender Duft auch noch die tiefsten Schluchten meines Kopfes endgültig wach machte.

Ich durchblätterte die Zeitung Al-Sharq Al-Awsat. Die Bilder von der gestrigen Explosion füllten das ganze Blatt. Die Bilder der ums Leben gekommenen Täter, die dieses Attentat auf das Gebäude der Sicherheitsbehörde verübt hatten, waren mit ihren jungen Gesichtern auf der ersten Seite abgebildet. Ihre Namen waren dicht nebeneinander aufgelistet. Unter den Bildern war auch das Bild eines jungen Mannes mit dichtem Haar und ohne Bart. Als mein Blick darauf fiel, sprang mein Herz in sein Bild. Ich kannte dieses Gesicht: die spitze Nase, die wie die Nase eines antiken griechischen Kämpfers aussah, das lange, schwarze Haar wie das Haar des standhaften Kämpfers Che Guevara und die Augen, auf die die Lider mit dem Ausdruck ewiger Ruhe herabgesunken waren. Sein Gesicht war zum Teil mit Blut verschmiert. Ein heftiger Schlag traf plötzlich meinen Bauch. Ich wurde mir immer sicherer, dass ich das Gesicht sehr gut kannte. Die Halle wurde kälter und kälter und drückte auf meinen Magen. Schwarze Fliegen tauchten vor meinen Augen auf … diese Gesichtszüge waren mir vertraut … aber das Blut darauf ließ mich zweifeln, als hätte ich Probleme mit der Konzentration, wie ich es oft in meinen Alpträumen erlebt hatte. Ich geriet in Verwirrung: war jetzt Traumzeit oder Wachzeit? Ich versuchte, die Fliegen vor meinen Augen zu vertreiben, aber vergeblich. In meinen Ohren wurde ihr Summen immer stärker. Ich strengte mich weiter an, um Sicherheit zu bekommen … ich bin nahe dran … und bin mir sicher … zweifellos ist er es! Er ist hier ohne Bart, und ich kenne diese Gesichtszüge von Kindesbeinen an. Ja, es war Ibrahim, mein Bruder Ibrahim … ein neuer, schwerer Schlag in meinen Bauch. Flüssigkeit stieg mir die Kehle hoch, erstickte mich fast und setzte den Weg nach oben fort. Ich rannte zum nächsten Waschraum. Ich fiel auf den ersten Stuhl neben der Tür.

Ich wusste nicht, wie lange ich auf diesem Stuhl geschlafen hatte. Mein Speichel tropfte mir auf die Hand, und nach dem Erbrechen brannte die Säure in meiner Kehle. Meine Augen verschütteten Tränen. Ich stand auf, ging zum Waschbecken und wusch mein Gesicht. Das eiskalte Wasser katapultierte mich in die schwarze Realität zurück. Ich schaute in den Spiegel, aber ich sah nicht mein Gesicht, sondern sein Gesicht, Ibrahims Gesicht, bartlos, ein Teil seines Haares blutverschmiert, mit friedlich geschlossenen Augen. Ein Frieden, von dem er nie geträumt hatte.

Mein Körper sank nieder. Ich befand mich unter den Dächern der Marmorwaschbecken. Mein Körper war schwach und kraftlos zusammengefallen.

Ich fühlte eine eisige Kälte, rollte mich zusammen, schlug die Arme um meine Brust und weinte.
In meinen Gedanken spulten sich die verschiedensten Bilder hintereinander ab. Ich konnte ihren Ablauf nicht beeinflussen, wie jemand, der einen alten, ägyptischen schwarz-weiß Film anschaut: er hält sein weißes Taschentuch in der Hand, sieht den Film, weint, wischt sich seine Tränen ab und weint von neuem. Ich sah das Bild von Ibrahims Gesicht vor mir, als er klein gewesen war, als er weinte, weil meine Mutter ihn geschlagen hatte, sein weinendes Gesicht, wenn mein Vater ihn immer in sein Büro mitschleppte. Ich hörte, wie seine Stimme aus dem Lautsprecher der Moschee ertönte, als er die Predigt aus dem Buch vorlas; seine Frage an Awatif, als er seinen Rücken an die Wand anlehnte und sie fragte: „Warum liebt mich denn keiner in diesem Haus?" Sein Bild, als er vor der Tür stand, Jousaa beobachtete und lächelte. Die Geräusche des Wassers aus dem Badezimmer, wenn er ewig seine Sünden abwusch. Ich erinnerte mich an unser enges geschwisterliches Verhältnis, als wir beide noch klein waren. Dann wurde er älter und uns immer fremder, er wurde zu einem eigenartigen jungen Mann. Allein seine Anwesenheit führte später zu einer gedrückten Stimmung im Haus.

Mir wurde jetzt klar, dass Manssur schon vor uns allen von der Verwicklung Ibrahims in dieses Attentat gewusst hatte. Deshalb hatte er sich so sanftmütig gegeben, meine Mutter mit nach Zelfi genommen und mich ohne Behinderungen ins Ausland fahren lassen. Meine Tränen quollen un-

aufhörlich hervor und mit ihnen die Fragen: Warum hat Ibrahim uns verlassen und warum ist er gestorben? Warum hat er sich an einer solchen Tat beteiligt?
Ist er geflohen, weil er glaubte, dass niemand in unserer Familie ihn liebte? Und wer von uns liebte ihn eigentlich wirklich? Hat er denn – umgekehrt – überhaupt einen von uns in der Familie geliebt – und vielleicht keine Liebe von ihm zurückbekommen? Glaubte er, dass diese strenge, lieblose Welt nichts anderes verdiente als Rache, als abgeschlachtet zu werden? Entschied er sich, dieser Welt zuzugehören und herzlos wie sie zu werden?

Schmerzen in meinem ganzen Körper quälten mich. Ich konnte nicht genau feststellen, welche Stellen mir so wehtaten. Ich suchte nach einer körperlichen Ursache für diese Schmerzen, fand aber keine. Mitleid und Trauer schmerzten mein Herz: zum ersten Mal fühlte ich Mitleid mit Ibrahim, konnte seinen Verlust betrauern, und ich fühlte, wie einsam er auf dem Weg gewesen sein musste, den er gewählt hatte. Ich hatte den starken Wunsch, dieser Realität zu entfliehen, die zu einem Alptraum für mich geworden war. Ich spürte, dass es in meinem Innersten eine Frau gab, die sich gerne auch mit einem Sprengstoffgürtel umgürtet hätte, um sich selbst loszuwerden. Denn diese Frau in mir wollte das schrecklich schwere Gewicht der von ihr ungeliebten Umgebung abwerfen. Am liebsten wollte sie sich selbst ein Ende setzen, sei es durch Tod oder durch den Weggang von zuhause.

Die Stimme aus dem Lautsprecher des König-Khaled-Flughafens rief zum letzten Mal meinen Flug auf. Mein Körper war eisig; die niedrige Temperatur der Klimaanlage in den Hallen des Flughafens verwandelte diesen Ort in eine Leichenkühlkammer. Soldaten stampften mit ihren Füßen hindurch und sahen nachdenklich aus. Ich fühlte, dass sich eine Glastür zwischen mich und die Leute um mich herum schob, denn ich sah sie alle, aber ich spürte sie nicht mehr. Alles um mich herum wirkte kalt und mumifiziert wie in einem Wachsmuseum.

Ein Sicherheitsbeamter in Flughafenuniform stand vor mir und fragte mich:
„Hast du den Flug nach Vancouver gebucht?"
Als ich diesen Satz hörte, klopfte mein Herz schneller. Ich zögerte mit der Antwort. Ich überlegte mir, zurück nachhause zu fahren, aber dann dachte ich, dass meine Mutter diese Nachricht sicher noch nicht erfahren hätte und Manssur sie davon noch fernhalten würde. Der Mann vor mir sah die Tränen aus meinen kalten Augen über meine Wangen laufen. Er fragte mich:
„Gott schenke dir Wohlergehen … ist etwas nicht in Ordnung?"
„Nein, danke."
„Bist du bereit zur Reise?"
Das war der Satz, auf den ich gewartet hatte, um das Rettungsseil festzuhalten, das der Himmel mir herabließ.
„Ja, ich bin bereit."
„Dann bitte deine Papiere."
Ich gab ihm alle meine Papiere, während die Tem-

peratur meines Körpers vor Angst wieder anstieg. Er sagte mir:
„Nein danke, ich brauche nur die Bordkarte."
Er trennte einen Teil der Karte ab, gab mir den anderen Teil zurück und sagte:
„Bitte sehr."

Der Geruch des Abschieds, den ich gut kenne, breitet sich aus, aber ich weiß nicht, aus welcher Ecke er hervorströmt. Sobald mein Körper ihn wahrnimmt, bricht das Eis meiner Hände auf, und aus den winzigen Erhebungen, die die Kälte auf meinen Unterarmen wachsen lässt, sprießen schwarze, weiche Federn hervor. Ich höre ihr Flattern; es hört sich an wie das Flattern von Taubenflügeln. Von der ersten Minute an wird mein Körper leichter und widersetzt sich hartnäckig der Anziehungskraft der Erde. Und wie eine durch die Luft gleitende Taube laufe ich durch den langen Gang des Flugzeugs zwischen endlosen Sitzreihen. Denn diese Taube glaubt, dass sie weder gesehen noch sonst irgendwie wahrgenommen wird.

Das Flugzeug setzte sich langsam in Bewegung. Es war für mich die letzte Minute der letzten Stunde des letzten Morgens in Riad. Es war sieben Uhr morgens. Meine Uhr zeigte die erste Minute dieser Stunde, in der sie den letzten Morgen von Riad hinter sich ließ, um den ersten Morgen des Himmels zu betreten. Der Kapitän ließ die Crew die Türen schließen und kündigte an, dass der weiße Flieger aus Metall sich jetzt in einen weißen Vogel verwandelt, der sich in wenigen Minuten in den

Himmel erheben würde. Die Stewardessen setzten sich auf ihre Sitze. Der Kapitän verkündete den Start und setzte das Flugzeug in Bewegung. Es hob von der Erde ab. Ich spürte, wie der Sitzgurt auf meinen Bauch drückte und wie meine Beine schwer herabhingen. Ein kitzelndes Gefühl der Freude erfüllte meinen Bauch wie damals im Vergnügungspark und ließ mich lachen. Meine Hände schüttelten ihre Schwere ab und ich flog selbst. Ich setzte den Kopfhörer auf und stellte den Sender mit den arabischen Liedern ein. Ich hörte die Stimme Mohammed Abdus singen: „Riads Gesicht zeigte sich mir am dunklen Morgen und in den leuchtenden Nächten."

Eine Stewardess kam auf mich zu und fragte: „Kaffee?" Ich lächelte mit weinenden Augen. Ich nickte ihr ein Ja zu. Und dann trank ich den ersten Schluck aus meiner ersten Kaffeetasse in der ersten Minute im ersten Himmel, während Mohammed Abdu in meinen Ohren sang:

„Die Handflächen Riads … Zöpfe, aus lauter Buchstaben geflochten … "

Erläuterungen:

Hadith:
oder Sunna ist eine Sammlung von Berichten über Taten und Aussprüche, die dem Propheten Mohammed zugeschrieben werden. Der Hadith gilt neben dem Koran als zweite Hauptquelle des Islam.

Hadsch:
Eine Pilgerfahrt nach Mekka, die alle gläubigen Muslime wenigstens einmal im Leben unternehmen sollten. Sie ist an die Zeit des Opferfests und an bestimmte Rituale gebunden.

Moralwächter:
Die Moralwächter sind eine nichtstaatliche Organisation in Saudi Arabien, deren Mitglieder sich als strenge Sittenwächter des Islam verstehen. Sie werden von den öffentlichen Organen geduldet und kontrollieren die Bürger nahezu wie die Polizei.

Omra:
Pilgerfahrt nach Mekka, die zu jeder beliebigen Zeit stattfinden kann.

Niqab:
traditioneller, die Augen freilassender Schleier; wird traditionell von muslimischen Frauen getragen.

Zamzam:
Brunnen in Mekka, der als heilig gilt. Die Pilger trinken sein geweihtes Wasser und nehmen es in Gefäßen mit nach Hause.

Zarkaa Al Yamama:
der Legende nach eine herausragende Frauenpersönlichkeit in der vorislamischen Zeit, die für die besondere Schärfe ihres Urteils und ihren seherischen Weitblick berühmt war.

Bereits erschienen im Alawi Verlag:

Nemat Khaled

Hennanacht

Roman

Aus dem Arabischen von
Nuha Saraf-Forst und Angelika Rahmer

Leineneinband mit Prägung, fadengeheftet mit Lesebändchen
160 Seiten
ISBN: 978-3-941822-00-9

Die Geschichte zweier Frauen aus unterschiedlichen Generationen. Die junge Nadia ist in dem palästinensischen Flüchtlingslager Yarmouk, nahe der syrischen Hauptstadt Damaskus aufgewachsen. Zerrissen zwischen Vergangenheit, Tradition und dem Bestreben nach neuen Ufern, will sie nicht wie ihre Tante auf das Schicksal warten, sondern aktiv aus der von der Gesellschaft vorgesehenen Rolle ausbrechen.

„Hennanacht" gibt einen Einblick in das soziale Gefüge im größten palästinensischen Flüchtlingslager in der arabischen Welt.

Bereits erschienen im Alawi Verlag:

Abeer Esber

Lulu

Roman

Aus dem Arabischen von
Marianne Wagdi

Leineneinband mit Prägung, fadengeheftet mit Lesebändchen
108 Seiten
ISBN: 978-3-941822-01-6

Das ägyptische Filmteam wirbelt das überschaubare Leben in dem kleinen syrischen Dorf „El Hessn" durcheinander. Der Bauernsohn Khaled, verliebt bis über beide Ohren in sein Dorfmädchen „Wardeh", ist zufrieden mit seinem Leben, bis er plötzlich mit einer anderen Welt konfrontiert wird. „Riem" wird für Khaled eine Herausforderung. Er vergisst seine dörfliche Liebe und will mehr über sich selbst und die große weite Welt wissen.

Für ihren Roman „Lulu" erhielt die Schriftstellerin 2004 den syrischen Literaturpreis.

Bereits erschienen im Alawi Verlag:

Rosa Yassin Hassan

Ebenholz

Roman

Aus dem Arabischen
Rim Tisini

Leineneinband mit Prägung, Fadengeheftet mit Lesebändchen
300 Seiten
ISBN: 978-3-941822-02-3

Die Protagonistinnen in Ebenholz sind fünf Frauen. Eine Truhe aus Ebenholz
begleitet das Leben der Frauen aus vier Generationen: Urgroßmutter,
Großmutter, Mutter und Tochter. Sie waren verträumt, verliebt, rebellisch und
gebildet. Dennoch müssen alle den gleichen Kampf in einer patriarchalischen
Gesellschaft ausfechten, bedienen sich jedoch unterschiedlicher Mittel.

Der Roman sorgte bei seinem Erscheinen für Aufsehen. Das syrische Kulturministerium hatte ihn zwar mit dem zweiten Preis, dem „Hanna Mina Preis“ für junge Romanautoren ausgezeichnet, hat jedoch in der arabischen Ausgabe einige Passagen gestrichen, die sich mit Sexualität befassen.

Alawi Verlag veröffentlicht die Übersetzung des unzensierten Originalmanuskripts.

NEU im Alawi Verlag November 2010

Samiha Khrais

Bücher der Flut

Roman

Aus dem Arabischen von
Fouad El-Auwad

Leineneinband mit Prägung, fadengeheftet mit Lesebändchen
ca. 220 Seiten
ISBN: 978-3-941822-03-0

Sind es die Armbänder, die Schuhe, die Strapse oder ist es die Seide, das Parfüm oder der Zucker, die diese Geschichte erzählten? Oder wurde dieser Roman von der Damaszenerin, der Tscherkessin, der Armenierin oder von jener Frau aus Nablus geschrieben? Was hat der Regen, das Olivenöl und der Zinn überhaupt mit alldem zu tun? Spielen die Männer eine Rolle in diesem Buch oder sind sie nur Randfiguren?

„Bücher der Flut“ ist ein Roman der besonderen Art.

NEU im Alawi Verlag November 2010

Mai Khaled

Zauber des Türkis

Roman

Aus dem Arabischen von
Christine Battermann

Leineneinband mit Prägung, fadengeheftet mit Lesebändchen
ca. 180 Seiten
ISBN: 978-3-941822-06-1

Nach einem Unfall oder „Selbstmordversuch" Nirwanas, beginnt ein Zwiegespräch zwischen der jungen Frau Layla und Ihrer Tante Nirwana. Sie führt ihre Nichte durch ihr Leben, enthüllt ihre Geheimnisse, Sehnsüchte, Niederlagen und Glücksmomente. Layla setzt sich mit dem Leben Nirwanas auseinander und stellt fest, das sie beide denselben Weg zur Befreiung und Selbstfindung suchen.

Der Weg heißt, revoltieren gegen die Zwänge eines traditionsreichen Familienklans, ausbrechen aus der festgefahrenen Rolle von Frau und Mann in der ägyptischen Gesellschaft.

Farben haben in diesem Roman symbolträchtigen Charakter: So steht Türkis für die Farbe des Meeres oder für den Edelstein, für Freiheit und Selbstfindung.